Les 500 sites Internet

Édition 2002

SVT

Sciences de la Vie et de la Terre

Nicole Dewitz
Christophe Laville

BELIN

8 rue Férou 75278 Paris cedex 06
www.editions-belin.com

Collection créée par
Sylvia Avrand-Margot et Anne Magret-Chelot.

Titres déjà parus :
Histoire-Géographie
Espagnol
Français, Lettres classiques
Anglais
EPS
Arts plastiques, Musique

ISBN 2-7011-**2857**-9

Sommaire

Avant-propos

Internet, espace de communication et de circulation de l'information, représente pour celui qui s'y plonge, une véritable révolution dans sa façon de travailler. Vous ne gagnerez sans doute pas de temps dans l'élaboration de vos cours ou de vos travaux, mais quelle fabuleuse richesse ! Jamais le collégien, le lycéen, l'étudiant ou l'enseignant n'aura été confronté à une telle difficulté de choix de documents directement accessibles sur ce réseau des réseaux dispersés à travers la planète entière. Le plus difficile ne sera sans doute pas de découvrir de l'information sur un thème donné, mais de trouver l'information pertinente ! Vos cours ou vos exercices pourront coller à l'actualité la plus récente, offrir l'iconographie la plus favorable, bref, rendre votre discipline encore plus passionnante...

Objectif de ce guide

Cet ouvrage ne prétend pas vous apprendre comment fonctionne Internet, mais entend vous fournir des pistes de recherches, des liens précis dans les domaines qui vous intéressent plus particulièrement. Certains sites proposés vous permettront de vous familiariser avec les moteurs de recherche et de rendre votre propre démarche plus efficace.
Vous découvrirez qu'à partir des liens proposés, vous allez « surfer » et trouver des pages encore plus adaptées à votre attente personnelle. Viendra ensuite le problème aigu du choix, du tri et du stockage des informations. C'est le problème majeur du débutant comme du surfeur confirmé : Internet évolue constamment, des dizaines de milliers de pages sont publiées tous les jours, d'innombrables sites disparaissent. On a donc tendance à récupérer des images, des pages, voire des sites entiers, et même si la mémoire de nos machines est de plus en plus importante, c'est sur notre disque dur qu'il faut aller à la recherche de la photographie extraordinaire indispensable pour notre projet !

Que faire avec Internet en SVT ?

• Rechercher des documents
Sur Internet, les informations se trouvent sur des systèmes informatiques de structures très hétérogènes et les fichiers ont des formats divers. Vous

rencontrerez essentiellement deux types de sites : les sites web et les sites ftp. Le web (World Wide Web) est le plus répandu. Ce système « hypermédia » peut présenter à l'intérieur d'un même document du texte, des liens hypertextes vers d'autres documents, des images, du son et de la vidéo. Les sites ftp (File Transfert Protocole) vous offriront en particulier un accès à des milliers de logiciels téléchargeables. Ils sont aussi souvent utilisés pour télécharger des fichiers de volume important. Vous n'aurez toutefois pas à connaître le fonctionnement des différents systèmes, c'est votre navigateur (Navigator, Internet explorer, etc.) qui se chargera de tout.

• Correspondre
Grâce à la messagerie électronique (e-mail ou mél), il est possible de correspondre très rapidement et à un coût infime avec des collègues, des classes, des établissements, des journalistes, des chercheurs du monde entier... Les élèves d'une classe de mer, par exemple, resteront en contact avec les élèves de leur établissement ; un élève malade pourra recevoir, presque en temps réel, sous forme de fichiers attachés, les devoirs ou documents proposés à ses camarades. Toute une pédagogie est à inventer...

• Participer à une liste de diffusion
En s'inscrivant, par exemple à la liste de diffusion concernant les TPE, vous participerez à une communauté groupée autour d'intérêts identiques et vous recevrez par messagerie tous les courriers que s'adressent les membres de cette liste.

• Recevoir des bulletins d'information (*newsletters*)
En vous inscrivant à certains sites, vous pourrez recevoir régulièrement de petits bulletins d'informations spécialisées.

• Participer à un forum de discussion où vous pourrez poser vos questions, donner votre avis à tous ceux qui le consultent.

Les sites sélectionnés

L'ensemble des sites qui vous sont présentés ici proviennent à la fois de sites officiels et de pages personnelles réalisées par des passionnés. Si les sites officiels offrent toujours à priori une certaine garantie de qualité et un respect de la déontologie, ce n'est malheureusement pas le cas de toutes les pages personnelles. À peu de chose près, n'importe qui peut

publier des centaines de pages sans aucune validation scientifique. C'est donc dans ce domaine des « pages perso » que l'on peut rencontrer la perle rare comme le pire délire.
Les sites proposés ici ont été testés et le choix a été très difficile : comment ne retenir que 500 sites ? Tous les liens retenus ont été soigneusement vérifiés, mais ils peuvent devenir inactifs de façon provisoire (maintenance du site par le webmestre) ou définitive (les pages ont été déménagées, voire supprimées). N'hésitez pas, dans ce cas, à nous le signaler (http ://www.editions-belin.com/cpl/internet/formulaire.htm).

Les icônes

La plupart des sites sélectionnés sont en français. Dans le cas contraire, des drapeaux vous renseigneront d'un coup d'œil sur la langue utilisée dans le site :

Anglais
Allemand
Français

Comme dans tous les domaines, les sites américains sont souvent les plus nombreux. De plus, la politique éducationnelle de nombreux organismes, comme la NASA par exemple, les rendent incontournables, en particulier dans le domaine iconographique. Dans le cas des sites canadiens, nous avons toujours choisi la version française quand elle existait. Mais il n'est pas impossible que certaines pages de ces sites soient en anglais.

Autres icônes :

présence de son
présence de séquences vidéo
les sites coup de cœur

Vous trouverez les liens vers ces derniers sur le site Belin :
www.editions-belin.com/cpl/internet/500sites.htm

Les auteurs

1

Les renseignements pratiques

1 Les sites SVT des académies et les CRDP

Dans cette rubrique, nous avons fait le choix de vous présenter directement la partie des serveurs académiques spécifiques à notre discipline. Bien que ces sites évoluent très rapidement, il nous a semblé intéressant d'attirer l'attention sur certaines pages originales. Ce choix est bien sûr totalement subjectif et ne tient pas compte de la richesse de ces serveurs. À noter que la plupart des sites académiques possèdent également des pages dédiées à l'utilisation des TICE.

Aix-Marseille

http://pedagogie.ac-aix-marseille.fr/svt/

Le serveur présente des applications pédagogiques souvent très intéressantes, des travaux pratiques faisant appel à l'informatique et à l'ExAO, des idées de montages, un herbier numérique…
CRDP d'Aix-Marseille : http://pedagogie.ac-aix-marseille.fr/crdp/

Amiens

http://www.ac-amiens.fr/academie/pedagogie/svt/

Un serveur très riche proposant des logiciels à télécharger en particulier Mesurim, outil polyvalent pour le professeur de biologie. Un didacticiel pour l'élaboration de pages web avec Dreamweaver est également proposé et peut s'avérer très utile puisque cet éditeur est désormais téléchargeable gratuitement.
CRDP de l'académie d'Amiens : http://195.221.156.250/crdp/

Besançon

http://artic.ac-besancon.fr/svt/

Un herbier de Franche-Comté et d'ailleurs, avec de nombreuses photographies et fiches.
CRDP de Franche-Comté : http://crdp.ac-besancon.fr/

Bordeaux

http://www.ac-bordeaux.fr/Pedagogie/SVT/svt.htm

De nombreuses activités pédagogiques s'adressant aussi bien au collège qu'au lycée.
CRDP de l'académie de Bordeaux : http://crdp.ac-bordeaux.fr/

Caen

http://www.discip.crdp.ac-caen.fr/svt/

À noter une « lithothèque » : banque de données contenant plus de 260 pages et plusieurs centaines de photographies, cartes et animations.
CRDP de l'académie de Caen : http://www.crdp.ac-caen.fr/pedagogie/

Clermont-Ferrand

http://crdp.ac-clermont.fr/pedago/svt/svtacc.htm

Des dossiers très intéressants sur « Le volcanisme du Massif central de A à Z » et l'éducation à l'environnement.
CRDP d'Auvergne : http://crdp.ac-clermont.fr/crdp/index.html

Corse

http://www.ac-corse.fr/SVT/index.html

Ressources locales importantes, en particulier en ce qui concerne la géologie de la Corse.
CRDP de Corse : http://www.ac-corse.fr/crdp/sommaire.htm

Créteil

http://www.ac-creteil.fr/svt/accueil.htm

Une série de photographies d'organismes et de tissus. Un exercice interactif téléchargeable sur les niveaux d'organisation du vivant.
CRDP de l'académie de Créteil : http://www.crdp.ac-creteil.fr/

Dijon

http://www.ac-dijon.fr/pedago/svt/Index.htm

Travail sur les ressources géologiques locales.
CRDP de Bourgogne : http://www.ac-dijon.fr/crdp/

Grenoble

http://www.ac-grenoble.fr/svt/index.htm

Ce site présente une originalité dans le domaine de l'ExAO : les enregistrements sont en effet réalisés sur du matériel Cassy. Un ensemble de logiciels en libre diffusion, téléchargeables, est proposé.
CRDP de l'académie de Grenoble : http://www.crdp.ac-grenoble.fr/

Guadeloupe

http://www.ac-guadeloupe.fr/web1/cati971/PEDAGO/SVT/Index.htm

Ce site en pleine évolution présente des fiches pratiques concernant l'électrophysiologie, en particulier l'utilisation du nerf de crabe et un protocole de modélisation de la structure du globe terrestre.
CRDP des académies de la Guadeloupe, de la Guyane et de la Martinique : http://www.martinique.univ-ag.fr/CRDP/CRDPW.HTM

Guyane

http://www.ac-guyane.fr/

Site en cours de construction, à suivre…
CRDP des académies de la Guadeloupe, de la Guyane et de la Martinique : http://www.martinique.univ-ag.fr/CRDP/CRDPW.HTM

Lille

http://www2.ac-lille.fr/svt/

En ExAO, deux séries de pages sont à consulter : dans l'« Espace collège », vous trouverez une aide pour l'utilisation du matériel VTT de Jeulin (cette page n'est pas encore pleinement fonctionnelle, mais devrait être efficace) ; d'autre part, il existe un certain nombre de fiches techniques pour le matériel Nortek dont sont équipés de nombreux lycées de l'académie.
Les dossiers géologiques sur le Boulonnais (avec des sorties géologiques) adaptés au collège et au lycée sont accessibles. On notera en particulier celui qui concerne l'Albien avec une application sur l'utilisation des ammonites en géochronologie.
CRDP de l'académie du Nord-Pas-de-Calais : http://crdp.ac-lille.fr/crdp2000/

Limoges

http://www.ac-limoges.fr/bleucl/SVT/index.html

Ce site en pleine évolution présente quelques ressources locales, en particulier des pages concernant la météorite de Rochechouart.
CRDP de l'académie de Limoges : http://www.unilim.fr/~crdp87/info/index.html

Lyon

http://www2.ac-lyon.fr/enseigne/biologie/index.html

Ce site académique très riche comprend aussi bien des propositions de fiches d'activités pédagogiques en collège et lycée, que des fiches techniques.
On notera également une réflexion et des propositions de sujets pour l'évaluation des capacités expérimentales en terminale S.
CRDP de Lyon : http://www.crdp-lyon.cndp.fr/

Martinique

http://www.ac-martinique.fr/cadrsvt.htm

On retiendra en particulier quelques pages intéressantes consacrées au milieu local, en particulier au volcanisme de la montagne Pelée.
CRDP des académies de la Guadeloupe, de la Guyane et de la Martinique : http://www.martinique.univ-ag.fr/CRDP/CRDPW.HTM

Montpellier

http://www.ac-montpellier.fr/pedagogie/disciplines/svt/SVT.html

Le site propose un ensemble de fiches d'activités pratiques en collège et en lycée. On y trouve aussi des applications pour le nouveau programme de seconde.
CRDP de Languedoc-Roussillon : http://www.ac-montpellier.fr/crdp/

Nancy-Metz

http://www.ac-nancy-metz.fr/enseign/svt/svtserve.htm

Parmi un grand nombre d'activités pédagogiques, des exemples d'intégration des TICE à tous les niveaux de l'enseignement secondaire et des démarches mises au point au cours d'un stage « Relation activité physique – paramètres biologiques » sont à retenir.
CRDP de Lorraine : http://www.ac-nancy-metz.fr/crdp/default.html

Nantes

http://www.ac-nantes.fr/peda/disc/svt/accsvt.htm

Un ensemble de pages sur les TICE et leur utilisation en SVT sera très utile à de nombreux enseignants. En outre, diverses séquences pédagogiques de collège et de lycée sont accessibles.
CRDP des Pays-de-Loire : http://www.crdp-nantes.cndp.fr/main.htm

Nice

http://www.ac-nice.fr/svt/principal.htm

La « météo des collèges » : des collégiens enregistrent à travers la France les paramètres du climat et publient leurs résultats sur le web ; des applications en SVT sont envisagées.
La « sismo des écoles » : le réseau ASTER 06 propose de nombreux documents sur l'activité sismique régionale et mondiale. Ce site propose, dans ses diverses rubriques, des documents relatifs à la sismologie et à la sismicité régionale et nationale, des logiciels éducatifs, des sismogrammes enregistrés par les diverses stations sismiques installées dans les collèges.
CRDP de Provence-Alpes-Côte-d'Azur : http://www.ac-nice.fr/crdp/

Orléans-Tours

http://www.ac-orleans-tours.fr/svt/

De très nombreux travaux de professeurs et d'élèves font la richesse de ce serveur. Des pages de liens vers les sites web sont classées par thèmes.
CRDP de l'académie d'Orléans-Tours : http://www.ac-orleans-tours.fr/crdp/

Paris

http://svt.scola.ac-paris.fr/

Une réflexion concernant la progression dans les programmes de Première L et ES a été menée. On trouve également sur ce serveur une page de sites sur les parcours diversifiés, travaux croisés et itinéraires de découverte au collège et au lycée.

Poitiers

http://www.ac-poitiers.fr/

Deux banques de données sont téléchargeables. « Bancali » présente la composition de 473 aliments et permet le traitement des données. La « banque ADN » comporte deux modules : « ADN » qui contient 38 séquences préétablies et « Code à code », petit logiciel qui permet de saisir la séquence souhaitée par l'utilisateur.
CRDP de Poitou-Charentes : http://www.crdp-poitiers.cndp.fr/

Reims

http://www.ac-reims.fr/datice/SVT/

Un site de liens est construit autour des différentes parties des programmes de SVT avec en plus une page pour les classes préparatoires. Un ensemble de présentations Powerpoint pour le collège est mis en ligne.
CRDP de Champagne-Ardennes : http://crdp.ac-reims.fr/

Rennes

http://www.ac-rennes.fr/pedagogie/svt/svt2.htm

Les pages « Un laboratoire de SVT aujourd'hui » aideront à comprendre comment installer un ensemble de salles ExAO-multimédia en réseau. On trouvera également de nombreuses aides pour la réalisation d'applications multimédias. Des liens permettent de télécharger un certain nombre de logiciels gratuits. On retiendra également un dossier sur les maladies à prions et une riche photothèque.
CRDP de Bretagne : http://www2.ac-rennes.fr/crdp/

Réunion

http://www.ac-reunion.fr/PEDAGOGIE/svt/Pedago.htm

Des séquences pédagogiques dont celles centrées sur le Piton de la Fournaise et sur différents écosystèmes (récifs coralliens, forêt et étang) et leur évolution méritent notre attention. Un ensemble de pages est consacré à la formation et à l'évolution d'un cyclone afin d'étudier l'interaction entre atmosphère et hydrosphère.
CRDP de la Réunion : http://www.crdp-reunion.net/

Rouen

http://www.ac-rouen.fr/pedagogie/equipes/svt/home.htm

La photothèque, dont les images sont libres de droit pour les utilisations pédagogiques, comprend une centaine d'images. Une étude des invertébrés d'une rivière permet de comprendre comment établir un indice biotique.
CRDP de Haute-Normandie : http://www.ac-rouen.fr/crdp/

Strasbourg

http://www.ac-strasbourg.fr/pedago/svt/index.cfm

Au moment où nous écrivons ces lignes, vous pourriez y suivre en direct une classe de mer dont les activités sont mises en ligne tous les jours. Celles-ci restent en ligne par la suite et vous inspireront peut-être un projet…

Quelques séquences pédagogiques de lycée et de collège et des dossiers consacrés à des ressources locales pourront également attirer votre attention.
CRDP d'Alsace : http://www.crdp-strasbourg.fr/

Toulouse

http://www.ac-toulouse.fr/svt/1svtacc.html

Le moteur de recherche HTDIG ainsi qu'une banque de données concernant 475 logiciels sont hébergés par ce serveur dont les pages de séquences pédagogiques ou techniques sont innombrables.
CRDP de Midi-Pyrénées : http://www.crdp-toulouse.fr:8000/

Versailles

http://www.ac-versailles.fr/pedagogi/svt/default.htm

Parmi les ressources proposées, on trouve une banque de données d'électrophorèse d'ADN qui présente différents résultats commentés et analysés de diagnostics de maladies héréditaires. Chaque résultat est accompagné d'une fiche sur les techniques utilisées pour obtenir ce diagnostic. Un ensemble de données scientifiques sur les différentes maladies diagnostiquées est associé à cette banque.
CRDP de l'académie de Versailles : http://www.crdp.ac-versailles.fr/

2 Le ministère de l'Éducation nationale

http://www.education.fr/

Le portail de référence sur l'éducation permet d'accéder à un ensemble de sites liés à l'éducation.

http://educlic.education.fr/Arisem23/iClass4U/

Le portail des professionnels de l'éducation permet une recherche thématique sur tout un ensemble de sites éducatifs.

http://www.eduscol.education.fr/

Eduscol, site pédagogique du ministère de l'Éducation nationale, offre deux outils pour rechercher sur l'intégralité du site pédagogique du ministère. Il y a, par exemple, 93 références concernant les TPE. On peut également accéder aux programmes disciplinaires.

Bulletin officiel

http://www.education.gouv.fr/bo/

Si vous souhaitez accéder au *Bulletin officiel*, vous pouvez le faire en recherchant les différents numéros classés par année ou bien en faisant appel à un moteur de recherche, Mentor, qui permet de retrouver les références des textes parus au B.O. depuis 1987 et l'intégralité des textes depuis janvier 1998.

Ressources éducatives

Educnet

http://www.educnet.education.fr/

Le site des technologies de l'information et de la communication pour l'enseignement. Pour atteindre les ressources SVT, il faut passer par « secondaire ». On peut préférer un accès direct aux ressources SVT : http://www.educnet.education.fr/svt/

Educasource

http://www.educasource.education.fr/

Des milliers de références de ressources électroniques et de notices documentaires pour les enseignants. Présentation des caractéristiques de produits informatiques, CD, sites, logiciels, avec possibilité de sélectionner en fonction de critères variables.

CNDP (CRDP, CDDP...)

http://www.cndp.fr/

Le CNDP (Centre national de documentation pédagogique) est un réseau d'établissements publics au service de l'école : documentation, édition sur tous supports et animation pédagogique pour les professionnels de l'éducation. Placé sous la tutelle du ministère de l'Éducation nationale, le réseau CNDP est composé du Centre national de documentation pédagogique qui pilote 28 centres régionaux chargés d'animer les centres départementaux et locaux.

IUFM

http://www.iufm.education.fr/

Le portail des IUFM (Instituts universitaires de formation des maîtres) de France.

Concours

http://www.education.gouv.fr/siac/siac2/

Système d'information et d'aide aux concours du second degré. Vous trouverez sur ce site les réponses à toutes les questions portant sur les concours de personnels enseignants, d'éducation et d'orientation du second degré. En dehors des textes officiels publiés au *Bulletin officiel* du ministère de l'Éducation nationale, du nombre de postes offerts à chaque concours et dans chaque discipline, vous trouverez également les conditions d'inscriptions, les statistiques des années précédentes, la nature des épreuves, ainsi que tous les renseignements pratiques dont vous pourrez avoir besoin. Si certains vous manquaient, n'hésitez pas à envoyer un message au webmestre.

Les préparations aux concours

http://svt-agregation.scola.ac-paris.fr/

Le site officiel du jury de l'agrégation de SVT.

http://www.ens-lyon.fr/DSVT/AGREG_SVT/Concours/concours.html

Le site de la préparation à l'agrégation de Sciences de la Vie et de la Terre de l'ENS.

http://www.ac-toulouse.fr/svt/capes/capesindex.html

Le site officiel du concours du CAPES de SVT.

http://www.lgs.jussieu.fr/~geologie/pages/modules/sujcapes.htm

Le site de la préparation en Sciences de la Terre pour le CAPES de SVT de la faculté de Jussieu.

Mutations

http://www.education.gouv.fr/personnel/

Site officiel du ministère de l'Éducation nationale consacré au mouvement des personnels enseignants, d'éducation et d'orientation du second degré. On y trouve toutes les informations nécessaires pour formuler une demande de mutation intra ou inter-académique.

http://www.education.gouv.fr/personnel/siam/2001/Intra/

http://www.education.gouv.fr/personnel/siam/2001/Inter/

Vous pourrez y consulter votre dossier, calculer votre barème, et après consultation des postes vacants, estimer vos chances de mutation (attention, ces adresses sont réactualisées chaque année scolaire). Vous pourrez également effectuer la saisie de vos demandes pour les différents mouvements, ainsi que pour les affectations sur postes spécifiques.

Partez à la découverte de la maquette du projet i-prof, ce projet pourrait simplifier la gestion de nos documents administratifs. Voici un document de présentation du projet, extrait de ce site :

Après authentification, i-prof vous permet de façon sécurisée :	
•	de consulter votre dossier administratif,
•	de compléter votre curriculum vitæ,
•	de vous informer sur vos perspectives de carrière,
•	d'accéder à des guides pour gérer votre carrière, vous inscrire, obtenir vos résultats,
•	de contacter par messagerie votre correspondant de gestion.

3 Orientation et formation

ONISEP

http://www.onisep.fr/national/accueil/index.asp

Le site de l'ONISEP est incontournable dans le domaine de l'orientation. Vous y trouverez des atlas de formation, des fiches de métiers très complètes.

Orientation.fr

http://www.orientation.fr

Orientation.fr est un service gratuit d'aide personnalisée à l'orientation scolaire. Il est possible de constituer un dossier personnel d'orientation en ligne pour tenter de dégager les grandes lignes d'un projet d'avenir. Une inscription gratuite est nécessaire pour accéder à ces services.

CNED

http://www.cned.fr

Site officiel du Centre national de formation à distance (CNED) de la scolarité élémentaire à l'enseignement supérieur, le CNED propose en ligne son catalogue et tous les renseignements concernant les modalités des différentes épreuves du cursus scolaire. Certains cours dont vous pourrez consulter quelques pages sont en lignes, mais ils sont payants. Un ensemble de modules permet de tester vos compétences dans différents domaines.

INRP

http://www.inrp.fr/

L'Institut national de recherche pédagogique propose un site très général d'une fabuleuse richesse pour l'enseignant. Vous allez rencontrer dans ce guide des adresses issues de ce site dans plusieurs des sections proposées. La richesse de ce site est quasiment inépuisable…

123 Bio

http://www.123bio.net/etudes/index.html

Ce site tourné vers la biologie donne quelques indications concernant les études de biologie et propose une liste de liens vers les sites des différentes universités françaises.

Edufrance

http://www.edufrance.fr/

L'agence EduFrance est un Groupement d'intérêt public, sous tutelle du ministère de l'Éducation nationale, de la Recherche et de la Technologie et du ministère des Affaires étrangères. Ses missions sont de promouvoir à l'étranger l'offre française d'enseignement supérieur français, de professionnaliser l'accueil et les services offerts aux étudiants étrangers enfin de coordonner et d'exporter l'offre française d'ingénierie pédagogique.

4 Les associations d'enseignants et les syndicats d'enseignants

Le site de l'APBG

http://www.apbg.asso.fr/

Le site de l'Association des professeurs de biologie et de géologie propose un calendrier des activités régionales et nationales, ainsi que des informations sur les programmes officiels.

Voici les principales adresses des sites de syndicats d'enseignants actifs à ce jour :

CGT

http://sden94.cgt.free.fr/ (http://www.cgt.fr)

FEN, Fédération de l'Éducation nationale

http://www.fen.fr

Fédération internationale des syndicats d'enseignants

http://www.ei-ie.org/

FSU, Fédération syndicale unitaire

http://www.fsu.fr

SGEN-CFDT

http://www.sgen-cfdt.org

SNES

http://www.snes.edu/

SNESUP, Syndicat national de l'enseignement supérieur

http://www.snesup.fr

Syndicat national des lycées et collèges

http://www.snalc.com/

Syndicat national unitaire des instituteurs, professeurs d'école et PEGC

http://www.snuipp.fr

Syndicat des enseignants

http://www.syndicat-enseignants.org

5 La presse et les médias en ligne

Sites généralistes

Sites de la presse mondiale

http://www.comfm.fr/presse/index.html

À partir de cette page, on peut accéder à de très nombreux sites représentatifs de la presse mondiale.

Wanadoo-edu

http://www.wanadoo-edu.com/decouvrir/letourdunet/index.asp

« En faisant “Le Tour du Net” avec nous, identifiez rapidement les nombreux sites pour enseignants et les informations à intérêt pédagogique du Net : chaque semaine, une des rubriques est mise à jour. »

Le Monde

http://www.lemonde.fr/

Vous pourrez accéder à de nombreux articles scientifiques ou éducatifs en ligne. L'image du jour est également présente. Si l'article qui vous intéresse est dans les archives, vous serez obligés de payer des droits d'accès. Plus de 500 sujets corrigés du bac général et technologique, toutes séries, dans les matières principales sont proposés en ligne, ainsi que les sujets et corrigés de l'année.

Le Monde vous offre un espace personnel et la possibilité d'avoir une adresse e-mail gratuite du type « martin@club.lemonde.fr ».

EPI

http://www.epi.asso.fr/epinet.htm

Epinet est le magazine électronique gratuit de l'EPI (association Enseignement Public et Informatique), vous y trouvez : l'actualité pédagogique, un article de fond sur une expérimentation ou l'analyse d'une publication pédagogique, le portrait d'un acteur du web pédagogique, les sites pédagogiques testés par l'EPI. Voici par exemple, un bilan des documents consacrés aux SVT par ce magazine depuis 2000 :
http://www.epi.asso.fr/epinet/e_svt.htm

La Hulotte

http://www.lahulotte.fr/

« La Hulotte, le journal le plus lu dans les terriers » présente la vie des animaux et des plantes de nos régions, en incitant ses lecteurs à aller les découvrir sur le terrain. Le site de la Hulotte présente le journal, permet d'accéder à quelques pages d'archives, de commander d'anciens numéros non épuisés et de s'abonner.

Arte

http://www.arte-tv.com/

Consultez les dossiers de l'émission Archimède et les actualités scientifiques.

La Cinquième

http://www.lacinquieme.fr/

La Cinquième côté profs vous intéressera sans doute. Vous pouvez aussi télécharger certains magazines.

Revues scientifiques en ligne

Sites de liens avec des revues

http://www.john-libbey-eurotext.fr/fr/revues/index.htm

Il s'agit essentiellement d'un site de liens avec des revues. Celles-ci concernent essentiellement le monde de la santé, mais on y trouve aussi la revue *Sécheresse* et les *Cahiers Agriculture*. Un moteur de recherche permet de lancer une requête dans l'une ou plusieurs des revues à partir de critères précis. Certains articles peuvent être consultés, mais on trouvera surtout des résumés.

http://www.sciencepresse.qc.ca/kiosque.html

« Tous les médias en un clin d'œil ! », un journal avec des liens vers des articles issus de nombreuses revues en ligne.

ADIT

http://www.adit.fr/adit_edition/index.html

L'Agence pour la diffusion de l'information technologique est un établissement public à caractère industriel et commercial, placé sous la tutelle du ministère des Affaires étrangères et du ministère de la Recherche. Cet organisme a pour mission de collecter, traiter et diffuser les informations scientifiques et technologiques internationales issues du réseau mondial des services scientifiques des Ambassades de France. Les actualités mises en ligne sont très diverses, mais on peut demander un affichage par secteur technologique. Ce sont en général de brefs résumés d'articles, il est toutefois possible d'accéder à des documents complets.

Cyberssciences

http://www.cybersciences.com/

Le site met régulièrement en ligne une sélection de la plus récente édition du magazine *Québec Science*. On peut consulter les sommaires et quelques articles de chaque revue dans les archives qui remontent jusqu'à 1996. Ces brefs articles de vulgarisation permettent un survol des nouvelles scientifiques, surtout si l'on a pris la peine de s'abonner gratuitement au bulletin de *Cybersciences* qui arrive par courrier électronique deux fois par semaine. Ce bulletin comprend des liens vers des articles en ligne et une brève présentation de leur contenu.

Science Presse

http://www.sciencepresse.qc.ca/jdm/jdm-sommaire.html

Science pour tous est une chronique de vulgarisation scientifique. Publiée le dimanche dans *Le Journal de Montréal* et *Le Journal de Québec*, elle est mise en ligne chaque semaine.

Actualités médicales

http://www.caducee.net/Breves/Default.asp

Des nouvelles d'actualités médicales sont mises en ligne très régulièrement. Ce site s'adresse plutôt aux professionnels de la santé. Un moteur de recherche permet d'explorer cet ensemble.

Sky & Telescope

http://www.geoman.net/actualite/index.cfm?lang=fr

« À la découverte de la Terre et du ciel » : des *News* concernant l'astronomie et l'observation de la Terre, quelques dossiers. Il s'agit de la version française du site de *Sky & Telescope*. Les enfants pourront consulter des pages d'assez bon niveau qui leur sont destinées.

123 Bio

http://www.123bio.net/

Ce site met à votre disposition des articles de revue, des cours de biologie, des données à avoir à portée de main (code génétique, structure moléculaire d'un acide aminé, etc…), de nombreux liens…

Ciel & Espace

http://www.cieletespace.fr/front/default.asp

Sur le site de la revue *Ciel & Espace*, vous pourrez découvrir des articles ou extraits en ligne, une très belle photothèque…

Pour la Science

http://www.pourlascience.com

La présentation du dernier numéro mis en vente est accompagnée de résumés et de quelques articles en texte intégral. Vous pouvez également retrouver tous les numéros de la revue depuis 1997, les sommaires des dossiers (avec des liens vers des sites), la présentation des livres édités par Belin-Pour la Science. L'abonnement en ligne à la revue et aux dossiers, ainsi que la commande de livres sont possibles.

La Recherche

http://www.larecherche.fr/

Le sommaire du dernier numéro mis en vente est accompagné de brefs résumés et de quelques articles en ligne. Vous pouvez consulter gratuitement les archives à condition d'être abonné, sinon il vous faudra ouvrir un compte pour lequel on demande toute une série de renseignements. Les articles qui sont payants ne pourront être consultés que pendant une journée. « Web +» vous donne quelques liens en rapport avec les derniers numéros de la revue. Le site vous propose en outre un accès aux dépêches de l'AFP touchant les domaines scientifiques.

Sciences & Avenir

http://quotidien.sciencesetavenir.com/

« Le journal permanent » : c'est ainsi qu'à 22 h 13, le 28 juin 2001, nous avons pu apprendre dans un bref article que, d'ici 2003, les allergiques pourront adopter un chat transgénique ! Des liens sont établis vers d'autres revues et des articles de *Sciences & Avenir*.

Science & Vie

http://www.science-et-vie.com/

«*Science & Vie* ferme momentanément l'accès aux rubriques éditoriales de son site. Le forum du petit curieux et l'inscription à la mailing liste resteront accessibles. L'équipe vous souhaite de nombreux et brillants échanges. Elle ne manquera pas de vous faire part de la restauration du site. »

Nature

http://www.nature.com/

Le site du célèbre journal international *Nature*: comme les sites précédents, on accède au sommaire des revues, aux résumés de certains articles, à des liens divers. La consultation des archives est payante.

6 Les éditeurs

Éditeurs scolaires

La plupart des éditeurs qui possèdent un site vous proposent un catalogue électronique accompagné de la présentation de leurs ouvrages. L'achat en ligne est souvent possible avec paiement sécurisé pour certains d'entre eux.

Belin

http://www.editions-belin.com/

Les éditions Belin devraient être classées dans les deux types d'éditeurs : même si l'éducation représente le pôle le plus important, les éditions Belin ont en effet plusieurs cordes à leur arc (nombreux ouvrages de vulgarisation, notamment en partenariat avec Pour la Science). Le site propose un catalogue très complet (avec des compléments en ligne pour chaque manuel, notamment des extraits de livres du professeur) et la possibilité d'achats en ligne. Une page « Actualités » vous propose un calendrier des manifestations, les conférences, les débats avec les auteurs, ainsi que les « prochaines parutions ».

Bordas

http://www.editions-bordas.com/

Cet éditeur vous présente en particulier son catalogue en ligne.

Armand Colin

http://www.armand-colin.com/

Cet éditeur vous présente essentiellement son catalogue en ligne, mais les SVT n'y sont pas présentes.

Delagrave

http://www.delagrave-edition.fr/

Catalogue en ligne, les SVT n'y sont pas présentes.

Didier

http://www.editionsdidier.com/

http://www.didiersvt.com/

Vous pourrez visualiser des extraits de leurs CD en ligne accompagnant les manuels de SVT 2de et 1^{re}S et découvrir des protocoles expérimentaux pour la classe de Première.

Hachette

http://www.hachette-education.com/

Catalogue en ligne et possibilité de disposer d'un espace personnel.

Hatier

http://www.editions-hatier.fr/

Vous trouverez la présentation de leur catalogue, des extraits du livre du professeur en ligne… Mais ce site vous offre en plus des possibilités pratiques : adresse électronique gratuite, de type martin@edumel.com, un annuaire des institutions de l'Éducation nationale.

Magnard

http://www.magnard.fr/

Le site ne nous apporte rien de spécifique pour notre discipline, mais on y présente d'intéressants guides de l'Internet en lycée et en collège.

Nathan

http://www.editionsnathan.com/

Cet éditeur propose un Club SVT avec des rubriques d'informations scientifiques contenant des dossiers complets. Banque d'images de documents dont certains sont téléchargeables au format pdf. Exercices sur séismes et génétique en ligne, dispositifs expérimentaux. Un moteur de recherche est en préparation.

Vuibert

http://www.vuibert.fr/

Catalogue en ligne, les SVT ne sont pas présentes.

Éditeurs scientifiques

Dunod

http://www.dunod.com/

Achat en ligne possible.

EDP-sciences

http://www.edpsciences.org/bienvenue.html

Catalogue en ligne avec présentation des ouvrages.

Elsevier

http://www.elsevier.fr/html/index.cfm

Accès à quelques articles en ligne, par exemple de l'Académie des Sciences.

Lavoisier

http://www.lavoisier.fr/2000/

Vous disposez sur ce site d'un outil de recherche par mots-clés qui permet de rechercher les livres publiés dans le monde entier sur le thème de votre choix. Vous pouvez consulter un rapide descriptif et commander en ligne.

Masson

http://www.masson.fr/

Cet éditeur est surtout orienté vers le monde médical et paramédical.

7 Les sorties et voyages scolaires

CBGA

http://assoc.wanadoo.fr/cbga/

Le site du Centre briançonnais de géologie alpine : on y trouve tous les renseignements sur des stages pour professeurs et élèves, ainsi qu'une brève section sur la géologie de la région avec quelques blocs diagrammes intéressants.

CIEP

http://www.ciep.fr/echange/index.htm

Le département « internationalisation du système éducatif » offre des services et mobilise des ressources pour faciliter l'ouverture internationale du système éducatif français. L'une de ses missions consiste à initier, animer et mettre en œuvre des échanges internationaux.
http://www.ciep.fr/echange/reperes/notes.htm : vous y trouverez, en particulier, les coordonnées des documents officiels correspondant aux réglementations s'appliquant aux échanges internationaux.

8 Les musées, jardins botaniques, zoos, planétarium, etc.

Musée d'Histoire naturelle de Fribourg en Suisse

♥ http://www.fr.ch/mhn/

Un merveilleux site de musée, c'est suffisamment rare pour le signaler, avec une grande richesse d'éléments variés : collections virtuelles, photos animalières, botaniques et minéralogiques, expositions virtuelles, suivi de cigognes balisées, webcam en direct…

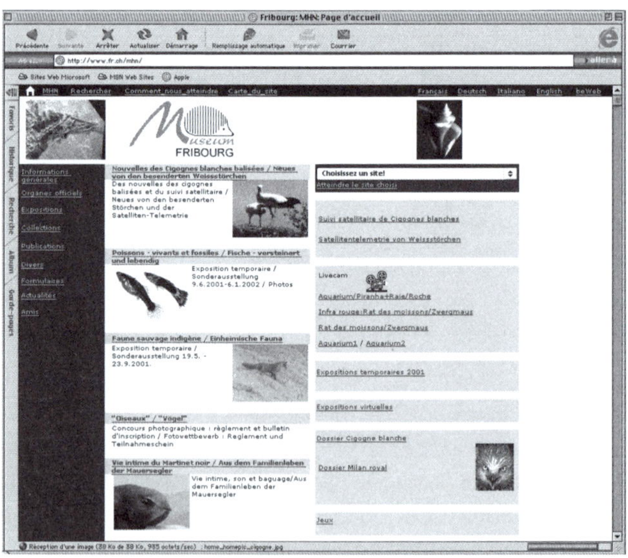

Parc de la Villette

http://www.cite-sciences.fr/francais/indexFLASH.fs.htm

La Cité des sciences et de l'industrie du parc de la Villette à Paris est l'un des grands centres de culture scientifique et technique pour le public scolaire. Dans ce site touffu, on peut accéder à toutes les informations concernant l'organisation pratique des visites et la présentation des espaces d'exposition.

Palais de la Découverte

http://www.palais-decouverte.fr/

Le site du Palais de la Découverte à Paris présente le musée et ses expositions permanentes ou temporaires, ainsi que tous les renseignements pratiques dont vous aurez besoin pour préparer votre visite.

Muséum national d'histoire naturelle

http://www.mnhn.fr/

Le site du Muséum national d'histoire naturelle de Paris présente un catalogue des différents laboratoires de recherche associés au Jardin des plantes. L'onglet à visiter donne accès à des informations pratiques sur les différentes galeries ouvertes au public. La Grande Galerie de l'évolution offre même des informations scientifiques et des séquences vidéo. La visite de ce site semble s'imposer si vous souhaitez y organiser une sortie avec les élèves.

Berkeley

http://www.ucmp.berkeley.edu/

Le célèbre musée californien de paléontologie de Berkeley peut être visité virtuellement. Activez le menu « Explore our collections » pour accéder aux catalogues.

Musée de sismologie

http://epgs.u-strasbg.fr/musee/Accueil.html

Au cœur de l'université, dans un lieu de promenade et à proximité immédiate des autres musées scientifiques de Strasbourg, le Musée de sismologie et magnétisme terrestre bénéficie d'un environnement idéal. Le site de ce musée de sismologie vous permet de visualiser des sismomètres de l'ancienne station regroupés dans deux salles, comme si vous y étiez.

Musée d'Histoire naturelle de Londres

http://www.nhm.ac.uk/museum/index.html

Le Musée d'Histoire naturelle de Londres présente une très jolie animation d'une drôle de petite bête. Il fournit également au futur visiteur les informations pratiques et quelques pages présentant les différentes galeries d'exposition.

Aquariums et zoos

http://www.mlink.net/veterinet/zoo.html

Cette liste de liens vers des aquariums et zoos de Suisse, Belgique, France et Québec vous permettra de découvrir les sites de ces espaces.

http://www.multimania.com/aquafrce/

Une liste de sites d'aquariums vous permet de préparer vos sorties. Les aquariums cités sont tous d'accès pratique (localisation sur carte). Ils sont présentés en termes de volume, d'espèces de poissons d'eau douce, d'eau de mer ou récifaux, d'invertébrés et de mammifères marins ou de milieux aquatiques.

Parc d'Hunawihr

http://www.cigogne-loutre.com/index.html

Le site du parc d'Hunawihr en Alsace vous offre, en plus des renseignements pratiques, quelques pages consacrées à la vie de la cigogne et de la loutre.

Biodôme

http://www.ville.montreal.qc.ca/biodome/bdm.htm

Le site du Biodôme de Montréal vous offre une présentation de quelques écosystèmes et l'accès par un outil de recherche à quelques fiches consacrées aux animaux et végétaux de cet espace qui se veut « bien vivant ».

Musée de minéralogie et pétrologie d'Ambazac

http://www.sites-et-cites.tm.fr/Departements/87HVienne/AmbazacMusee/infos.htm

Le musée de minéralogie et pétrologie d'Ambazac en Haute-Vienne propose un petit site de présentation où une muséologie nouvelle et fonctionnelle permet une exposition à la fois scientifique et harmonieuse de 3 000 échantillons du règne minéral provenant de la région et de façon plus générale des cinq continents.

Musée d'Espéraza

http://www.dinosauria.org/

Le site présente le musée d'Espéraza situé dans le département de l'Aude. Le musée offre au public une exposition permanente consacrée aux dinosaures, comprenant des ossements, des œufs et des empreintes de pas, ainsi que des reconstitutions en grandeur nature et une vidéo sur les derniers dinosaures. On peut aussi découvrir les techniques de dégagement et de préparation des fossiles. Les pages accessibles par l'onglet « Apprendre » sont intéressantes, bien que certaines soient encore en construction.

2

Le coin du prof et le laboratoire

1 Les outils de recherche et les bases de données

Annuaires francophones

Ces annuaires proposent des sites classés par thèmes. C'est l'outil du profane pour un accès rapide à des documents concernant le thème qui vous intéresse. Vous aurez accès à une arborescence avec répertoires et sous-répertoires dans lesquels vous progresserez, mais la pertinence des documents trouvés est loin d'être aussi importante que si vous utilisez un moteur de recherche.

http://perso.wanadoo.fr/f.bourdet/french_seach.html

Vous cherchez un annuaire ou un moteur de recherche, voici un site qui vous en propose 800 !

Moteurs de recherche spécifiques à l'enseignement

Les moteurs de recherche fonctionnent à partir d'une indexation automatique des sites, basée sur des mots-clés qui peuvent être intégrés dans les textes ou invisibles car indiqués dans les fichiers sources des sites. L'URL (l'adresse) ou l'indice de fréquentation peuvent également être pris en compte. Dès que vous souhaitez organiser une recherche documentaire efficace, utilisez ces outils.

CNAM

http://www2.cnam.fr/evariste/evariste/10_cours/moteur/intro.htm

Vous apprendrez ici comment utiliser un moteur de recherche.

Cerise

http://www.ccr.jussieu.fr/urfist/cerise/

Ce guide réalisé par des enseignants et des professionnels de bibliothèques universitaires est un outil de formation destiné plus particulièrement aux étudiants de premier cycle universitaire ; il est néanmoins utile à toute personne désireuse de chercher des informations. « Cerise » est à la disposition de tous pour un usage privé ou dans le cadre de l'enseignement public.

HTDIG

http://www.ac-toulouse.fr/svt/htdigsvt.html

Un moteur de recherche spécifique : la recherche s'effectue exclusivement sur l'ensemble des serveurs académiques de SVT et dans les rubriques SVT des serveurs du ministère de l'Éducation et de la Recherche, du GTD et de l'INRP. Les documents répertoriés offrent donc une certaine garantie sur le plan scientifique et pédagogique.

Spinoo

http://www.cndp.fr/spinoo/

Ce service de recherche du CNDP explore l'ensemble de l'Internet éducatif français. Spinoo peut même être utilisé dans les sites que l'on crée soi-même.

CNRS

http://www.cnrs.fr/cw/fr/band/aide/aide.html

Ce moteur de recherche interroge l'ensemble des sites web du CNRS, à l'exception des sites des laboratoires, et permet d'accéder à près de 30000 pages html.

Moteurs de recherche généralistes

Les moteurs de recherche sont d'efficacité variable, notamment en ce qui concerne leur mise à jour. Pour des faits très récents, leur indexation n'est en général pas efficace. Ils vous fourniront en revanche un très grand nombre d'adresses répondant à votre requête. Pour certains d'entre eux, la pertinence des sites est évaluée par rapport à votre recherche. En voici quelques-uns :

http://ecila.fr/
http://fr.altavista.com/
http://fr.yahoo.com/
http://www.google.com/
http://www.hotbot.lycos.fr/
http://www.voila.fr/
http://www.lokace.com/

http://www.lycos.fr/
http://www.nomade.fr/

Méta-moteurs

Ces outils organisent une requête faisant intervenir un ensemble de moteurs et réalisent une synthèse des résultats obtenus.
http://debriefing.ixquick.com/
« Rapide et intelligent. Les résultats les plus pertinents. Complet, clair et adaptable à vos besoins ». Ce sont évidemment eux qui le disent, mais leur outil est réellement efficace même pour aller à la recherche d'images ou de fichiers MP3.

http://www.trouvez.com/
TROUVEZ! apporte la solution à toutes vos recherches sur Internet en cherchant, simultanément et instantanément, dans les principaux répertoires et moteurs de recherche. Les résultats s'affichent par ordre décroissant de pertinence.

Voici deux sites sur lesquels vous pourrez télécharger deux logiciels fonctionnant comme des méta-moteurs :
http://www.copernic.com.fr
Cet outil d'aide à la consultation des moteurs de recherche est un logiciel gratuit, téléchargeable.

http://www.zapper.com/download/download_fr.html
Allez télécharger cet autre utilitaire gratuit à partir de ce site. *Zapper* offre une manière très efficace d'obtenir les informations du web, vous pouvez choisir le ou les moteurs de recherche que vous souhaitez interroger, sauvegarder les résultats, etc.

2 Dictionnaires, encyclopédies et lexiques spécifiques

Encarta

http://encarta.msn.fr/Default.asp
Vos recherches dans l'encyclopédie *Encarta* en ligne vont vous

permettre d'accéder à des milliers d'articles en texte intégral, ainsi qu'à un grand nombre de photos, illustrations, tableaux et graphiques extraits de l'encyclopédie. Il existe également un dictionnaire bilingue français-anglais.

Voilà-Hachette

http://encyclo.voila.fr/

Cette encyclopédie réalisée avec Hachette permet d'accéder, grâce à un outil de recherche, à un dictionnaire et à des milliers d'articles, de photographies, de cartes et de vidéos.

Atlas

http://www.webencyclo.com/home/homeactu.asp?

Webencyclo des Éditions Atlas est une encyclopédie multimédia interactive et généraliste entièrement gratuite. *Webencyclo* offre régulièrement de nouveaux dossiers formés de petits articles dans lesquels des hyperliens permettent d'explorer le domaine.

Grand Dictionnaire

http://www.granddictionnaire.com/_fs_global_01.htm

Cet excellent dictionnaire terminologique n'est pas spécifiquement scientifique, mais le nombre de termes scientifiques et la qualité des définitions en font un outil à retenir. La correspondance anglais –français est une richesse supplémentaire.

Chimie

http://chimie.scola.ac-paris.fr/sitedechimie/dico/frame.htm

Le lexique de chimie proposé permet d'activer des pages présentant des protocoles expérimentaux. Le professeur de sciences de la vie s'intéressera sans doute davantage aux pages d'introduction à la chimie organique ou à la présentation de techniques comme la spectroscopie. Certaines pages avec script, type chime ou java, proposent des animations montrant la molécule sous diverses formes. Vous pourrez récupérer certaines molécules au format pdb (ADN, sucres, dioxine, hémoglobine…).

Biochimie

http://www.ulaval.ca/fmed/bcx/default.html

Les définitions de ce glossaire de biochimie comporte des hyperliens permettant d'accéder directement à tous les termes en relation avec celui qui est consulté.

Biologie

http://www.cnrs.fr/SDV/glossaireintro.html

Ce glossaire du CNRS concerne les sciences de la vie. Certains termes sont complétés par une illustration.

Génétique

http://www.citi2.fr/dico/welcome.html

Ce site présente un lexique des termes de génétique et plus particulièrement de génie génétique. Les définitions ont été retenues sur proposition de la commission de terminologie pour le vocabulaire des sciences et des techniques de l'agriculture et de l'agroalimentaire, après avis de la Délégation générale à la langue française et du Conseil international de la langue française. On indique quelques termes à éviter, comme brin codant et non codant qui doivent être remplacés par brin sens ou antisens. Il est associé à un lexique franco-anglais.

Bibliothèque nationale de France

http://gallica.bnf.fr/

Le site de la Bibliothèque nationale de France (Paris) vous propose d'accéder à de nombreux documents numérisés. Certains dictionnaires très anciens, aujourd'hui numérisés, peuvent être consultés en ligne.

3 Sites scientifiques généralistes

Sciences en ligne

http://www.sciences-en-ligne.com/

Ce site très généraliste vous permet d'accéder à un lexique alphabétique et thématique des principaux termes de l'ensemble des disciplines scientifiques et techniques, à des brèves, des reportages, des revues de presse, des résumés de conférences, des exposés sur la recherche et la formation.

On-Line Biology Book

http://gened.emc.maricopa.edu/bio/bio181/BIOBK/BioBookTOC.html

Extrêmement varié, ce site consacré à la biologie propose de très bons cours de biologie richement illustrés. On y trouvera tous les grands domaines de la biologie animale et végétale, de l'atome à l'écosystème. Les photographies et les schémas sont souvent d'excellente qualité et la mise à jour semble régulière.

Du big bang à l'homme

http://www.multimania.com/mad8/

« Du big bang à l'homme » propose un large panorama de connaissances biologiques et géologiques que l'on peut cibler par un outil de recherche ou à partir du sommaire. Ce site personnel reste encore pauvre en illustrations et les inévitables fenêtres de l'hébergeur s'ouvrent à chaque clic.

INRA

http://www.inra.fr/

L'INRA (Institut national de la recherche agronomique), placé sous la tutelle du ministère de l'Éducation nationale, de la Recherche et de la Technologie et du ministère de l'Agriculture et de la Pêche, vous permet d'accéder à un index thématique des liens vers des documents internes et externes.

CNRS

http://www.cnrs.fr/

Le Centre national de la recherche scientifique en ligne. Le site permet d'accéder à de nombreux dossiers souvent très intéressants.

École normale supérieure

http://www.biologie.ens.fr/

L'École normale supérieure de Paris en ligne.

123 Bio

http://www.123bio.net/

Ce site met à votre disposition : des cours de biologie (biochimie, pharmacologie…), des articles de revue, des données à avoir à portée de main (tableau des éléments, code génétique).

Prix Nobel

http://www.nobelchannel.com/

Des informations sur les prix Nobel.

4 Sites iconographiques généralistes

BIPS

http://www.bips.cndp.fr/

BIPS est un service en ligne, conçu et réalisé dans le cadre d'une collaboration franco-québécoise. Il s'agit d'un service destiné à faciliter la mise en commun de ressources électroniques. Tous les documents disponibles sur le site peuvent être utilisés gratuitement – tels quels ou modifiés, en ligne ou téléchargés –, y compris pour la réalisation d'un autre site, dès lors qu'il s'agit d'un usage éducatif non commercial. Un moteur de recherche est associé à cette banque d'images renseignées.

Biotechnologie

http://www.accessexcellence.com/AB/GG/

Ce site offre de très nombreux schémas scientifiques, dont certains assez intéressants, dans tous les domaines de la biologie. Des versions imprimables au format pdf sont téléchargeables.

Images de SVT

http://www.chez.com/imagessvt/

Il contient des images des sciences de la vie et de la terre. Ces images sont libres de droits pour une utilisation à but pédagogique et non lucratif : enseignement primaire, collège, lycée, université sont concernés.

Microphotographies

http://micro.magnet.fsu.edu/index.html

Ce sont les splendides micrographies des différentes galeries de ce site qui attirent l'attention de celui qui aime les couleurs. Interdites à l'utili-

sation commerciale, elles peuvent être intégrées dans des pages web à condition de demander l'autorisation et d'en indiquer le copyright.
Mais ce site comprend également une série de tutoriaux interactifs dont certains, plutôt destinés aux physiciens, ont un réel intérêt pour le professeur de SVT. On peut même s'exercer à l'utilisation virtuelle de différentes techniques de microscopie.

http://www.ulb.ac.be/sciences/biodic/index.html

Cette banque d'images de microscopie mérite une visite : protistes, méiose, embryologie de la souris…

Concours « Nikon's Small World »

http://www.microscopyu.com/smallworld/gallery/index.html

Découvrez sur ce site les microphotographies qui ont remporté le concours « Nikon's Small World » au cours des années passées.

Images du CNRS

http://www.cnrs.fr/SDV/photo.html

Le site propose une sélection d'images de petite taille extraites de la photothèque du CNRS, elles sont extraites d'une banque de plus de 4 000 images informatisées. On peut accéder en tant que visiteur à la banque de données par le biais d'un outil de recherche. Attention, les images ne sont pas libres de droit.

Biodidac

http://biodidac.bio.uottawa.ca/info/browse.htm

Les schémas et les photographies issues de cette base de données sont souvent de très bonne qualité. Bien qu'en français, le site vous donnera tout de même certaines légendes en anglais, en prenant la peine de s'en excuser !

Images fp3

http://cmmsrv.emc.uq.edu.au/

Allez directement au menu « Images.fp3 » pour y découvrir un grand nombre d'images (351) : vues microscopiques de cellules, organes, objets… Ces photographies sont renseignées et vous pouvez agrandir la vignette.

Zoo microbien

http://commtechlab.msu.edu/sites/dlc-me/zoo/

Ce « zoo microbien » à entrée trop ludique est très inégal, mais il offre quelques belles images d'organismes unicellulaires.

Microangela

http://www.pbrc.hawaii.edu/microangela/index.html

Une superbe galerie de photos en MEB colorisées… pour le plaisir ! Et quelques animations dont certaines pourraient servir de support à un exercice sur la notion d'échelle d'une image.

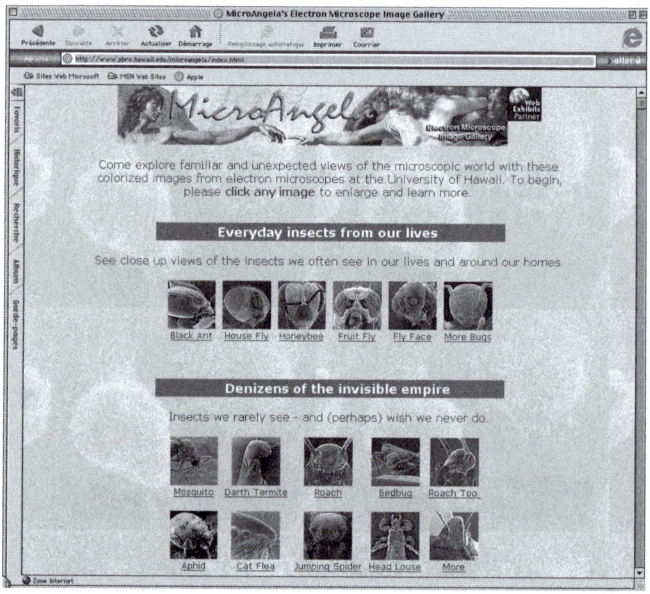

Nanoworld

http://www.uq.edu.au/nanoworld/images_1.html

Un ensemble d'images en microscopie électronique.

Surweb

http://www.surweb.org/

Ce site iconographique généraliste est très riche, donc très long à explorer. Vu le nombre d'images répertoriées (382 images de géologie,

66 images de geyser…), il est préférable d'interroger la banque de données à partir de mots clés.

Seawifs

http://seawifs.gsfc.nasa.gov/SEAWIFS/IMAGES/IMAGES.html

La planète Terre peut être découverte sur ce site grâce à une foule d'images : océans, atmosphère, ozone…

5 Portails et sites de liens

Les portails sont des sites d'entrée sur un ensemble de sites consacrés à des thèmes plus ou moins larges : le portail de l'Éducation nationale a déjà été évoqué plus haut, mais certains, beaucoup plus spécifiques, ont dans cet ouvrage été le plus souvent intégrés dans les parties concernées par ces thèmes.

Tous les profs

http://www.tousleprofs.com/

Un portail pour les enseignants. Vous aurez accès à de très nombreux dossiers qui sont résumés, mais qui peuvent être téléchargés en format pdf. On vous offre même l'actualité culturelle et la présentation d'un livre du mois.

Les métiers de l'enseignement

http://www.univ-lemans.fr/~benard/adresses_ime/adrime.htm

Une page de liens utiles à l'enseignant.

Classe de sciences

http://www.ping.be/~ping6998/biologie.htm

Galerie d'adresses d'images de biologie et, de façon générale, de SVT.

École normale supérieure de Lyon

http://www.ens-lyon.fr/

De nombreux liens vers les organismes officiels vous seront accessibles à partir du site de l'École normale supérieure de Lyon.

Infobiogen

http://www.infobiogen.fr/services/deambulum/fr/cours.html

D'innombrables liens classés par thèmes.

INRP

http://www.inrp.fr/Acces/Biogeo/html/interact.htm

Des adresses dans tous les domaines de l'éducation interactive.

Geocities

http://www.geocities.com/Heartland/Prairie/2254/scires.html

Une liste généraliste de liens variés.

Accessexcellence

http://www.accessexcellence.com/RC/

Des adresses de sites anglophones.

Systématique

http://rnb.snv.jussieu.fr/Liens/LiensSyst.html

La systématique sur le web : des liens de biologie.

Hominisation

http://www.geocities.com/Athens/Acropolis/5579/TA2.html

Sites sur l'évolution de l'homme.

À propos de la forêt

http://www.multimania.com/unpeudetout/foret/liens_foret.shtml

Une page de liens sur la forêt.

Sites médicaux

http://www.esculape.com/1sommaireframe.html

Liens de sites médicaux.

http://www.cybercable.tm.fr/~biblioa/image.html

Liens vers des galeries d'images médicales.

Océanographie et météorologie

http://www.ac-creteil.fr/svt/Teledec/atmocean.htm

Un ensemble d'adresses d'océanographie et de météorologie.

Musées et aquariums

http://www.oceano.org/io/cyberdoc/annuaire/annuaire.html

Seule la page annuaire qui vous est proposée ici semble active.

Espace

http://wwwflag.wr.usgs.gov/USGSFlag/Space/space.html

Un ensemble de liens concernant l'espace.

Géophysique

http://www.ccr.jussieu.fr/dga/bookmarks.html

De très nombreux liens vers des sites consacrés à la géophysique.

6 Sites techniques de laboratoire

Webiologie

http://webiologie.free.fr/techniques/index.html

Ce site vous présente quelques aspects des techniques utilisées en sciences.

La sécurité au laboratoire de SVT sur deux sites académiques

http://www.ac-nancy-metz.fr/enseign/svt/labo/securite.htm

http://crdp.ac-clermont.fr/pedago/svt/laboSVT/securitlabo/securitlabosvt.htm

Un peu de tout

http://www.multimania.com/unpeudetout/index.htm

Un peu de tout comme le dit l'auteur du site…

http://www.multimania.com/unpeudetout/index.htm?DROSO

Élever des drosophiles : aspects pratiques très utiles. L'ensemble du site vous fournira encore d'autres thèmes.

http://www.multimania.com/unpeudetout/bassin/bassin.shtml

Construire une mare dans un jardin : aspect pratique très intéressant pour un collège.

http://www.multimania.com/unpeudetout/nourr/alimenta.htm

La nourriture vivante en aquariophilie : des indications pratiques accompagnées de planches zoologiques.

Terrariophilie

http://perso.club-internet.fr/ccage/batraciens.htm

Site consacré à la terrariophilie, « Batraciens » présente des articles de maintenance et d'élevage réalisés par différents auteurs. Chaque article concerne une espèce et indique les conditions d'élevage, le type de terrarium, l'éclairage, le chauffage, la nourriture, les modalités éventuelles de reproduction. La disparition des amphibiens à travers le monde est envisagée. De nombreux liens sont également indiqués.

7 Sites pédagogiques et pratiques

GTD

Le Groupe d'experts en charge de la rédaction des programmes du lycée (ex-GTD) alimente deux sites officiels incontournables pour l'enseignant. On y trouvera les programmes, instructions et documents d'accompagnement et une multitude d'informations scientifiques et pédagogiques. Les professeurs peuvent poser des questions à des scientifiques qui se font un devoir d'y répondre le plus rapidement possible.

http://www.snv.jussieu.fr/vie/

Le site du GTD en biologie.

http://www.ens-lyon.fr/Planet-Terre/Site/Index/index-E.htm

Le site du GTD en sciences de la Terre.

Le Café pédagogique

http://www.cafepedagogique.net

Le Café pédagogique veut être le point de rencontre des enseignants qui agissent sur le terrain et vous présente toute l'actualité pédagogique sur Internet : recevez gratuitement tous les 15 jours l'intégralité du Café dans votre boîte aux lettres en vous abonnant.

Didier Pol

♥ http://wwwusers.imaginet.fr/~pol/

L'incontournable site offert par Didier Pol avec une multitude de fiches TP, des liens vers d'autres sites de SVT, des sujets de bac et des exercices corrigés, des expériences amusantes… et même des couleurs optimisées pour les daltoniens ! Riche, pertinent et actualisé. Merci Monsieur Pol !

INRP

http://www.inrp.fr/Acces/biotic/accueil.htm

Autoformation en SVT : dossiers thématiques, conférences, questions en ligne, chercher sur Internet… De quoi vous occuper pendant des heures.

Biogeol

http://biogeol.free.fr/index1.htm

Un collègue de Nice propose un site très bien conçu, avec des fiches pratiques, un lexique en cours d'élaboration, les programmes officiels, des liens vers des ressources variées, des annales de sujets de bac, des sujets de dossiers personnels dont l'un consacré aux TPE, des liens vers des logiciels gratuits…. À consulter régulièrement.

BRGM

http://infoterre.brgm.fr/

Dans la cartothèque du Bureau de recherche géologique et minière, vous pourrez prévisualiser les cartes géologiques disponibles sous forme de vignettes qui laissent apparaître l'organisation structurale de la région.

Cyberbio

http://le-village.ifrance.com/cyberbio/entree.htm

Un ensemble de QCM est proposé sur 4 thèmes : croissance végétale, liens structure-fonction chez l'animal, appareil circulatoire et appareil respiratoire.

Capacités expérimentales

http://www2.ac-lyon.fr/enseigne/biologie/evaluation/capas.html

Le site de l'académie de Lyon abrite ces pages issues du bilan de l'expérimentation menée par des enseignants sur l'évaluation des capacités pratiques. Les listes proposées se veulent un outil à l'usage de chaque professeur en indiquant les types d'activités pratiques mises en œuvre en terminale S, ainsi que des exemples de supports possibles.

De prof à prof

http://www.multimania.com/profs/home.htm

Un site de professeurs de SVT pour les professeurs de SVT, fonctionnant par mutualisation des données.

Nicolas Cohen

http://nicolas.cohen.free.fr/index2.htm

Ne vous laissez pas décourager par la page d'introduction qui ne donne absolument pas une image du sérieux des informations de ce site personnel d'un professeur de SVT avec des cours de 2de, 1^{re}L et les documents associés (exercices…), des liens. On accède au menu en allant en bas de page. Consultez les « Notions de biologie ». Le cours sur la notion de gène est très intéressant.

Éric Jourdan

http://perso.wanadoo.fr/jourdan.eric/index.htm

Ces pages ont été réalisées par un professeur de SVT pour des enseignants et des élèves des collèges et lycées. Il propose de multiples entrées.

Zoom sur le vivant

http://www.ac-creteil.fr/svt/zoom/intrzoom.htm

Ces pages proposent un travail sur la notion d'échelle et d'organisation du vivant à partir de quatre exemples (sang, nerf, maïs et levure). L'élève pourra même s'entraîner grâce à un exercice interactif.

TPE

http://www.ac-strasbourg.fr/index_visiteurs.cfm?LIEN=/pedago/tpe/index.cfm

Cette rubrique très riche est destinée à accompagner les enseignants dans la mise en œuvre des TPE, leur apporter des renseignements utiles et permettre des échanges.

3

Les sciences de la vie

1 Le monde du vivant

Sites généralistes

Sciences de la vie

http://www.snv.jussieu.fr/vie/

Un site absolument essentiel pour l'enseignant de biologie : des liens vers les programmes, des informations classées par thème sur les différents programmes, des protocoles expérimentaux et des documents originaux.

Le « Petit buffon électronique »

http://www.snv.jussieu.fr/bmedia/PetitBuffon/

Le « Petit buffon électronique » est une tentative de sauvegarder, sous forme d'images numérisées, le « patrimoine » zoologique de l'université de Jussieu : pièces de collection, montages *in toto,* coupes histologiques, photos de microscopie électronique. L'ensemble de ces documents, dûment légendés, sera mis progressivement sur le réseau, à la disposition de tous.

Netvet

http://netvet.wustl.edu/pix.htm

Un site présentant une centaine de liens (non commentés) vers des sites iconographiques de zoologie. Ces liens aboutissent sur des sites de qualité très variable : on y trouvera aussi bien des galeries très spécialisées contenant d'excellentes photographies d'espèces d'un même groupe (une centaine de scorpions par exemple) que des collections de peintures de chats…

Vie animale

http://www.multimania.com/vieanimale/

Ce site d'un établissement d'enseignement comprend un ensemble de fiches présentant les caractéristiques principales et la photographie d'un certain nombre d'espèces animales, ainsi que quelques éléments de classification. Ces fiches sont une création d'élèves d'une section de sciences assistées par informatique.

The Tree of Life

http://phylogeny.arizona.edu/tree/life.html

« The Tree of Life » propose un catalogue établi par un réseau international de scientifiques, qui est une tentative de cartographie du monde vivant. Ce site américain permet, grâce à différents types d'entrées (arbre systématique, moteur de recherche, liste de taxons), d'avoir accès à des photographies dont certaines établissent des liens vers d'innombrables sites contenant des informations sur la biodiversité.
L'aspect peut paraître peu engageant, mais la richesse du contenu (tant sur les groupes rares ou les fossiles, que sur les grands classiques) en fait un outil performant, même si de bonnes bases de systématique sont indispensables.

Biodidac

http://biodidac.bio.uottawa.ca/Thumbnails/samples.htm

L'intérêt de ce site réside surtout dans le nombre et la qualité des illustrations (dont de nombreuses dissections), téléchargeables en grand format après indication de son adresse mél. Il est préférable de passer par la rubrique « Recherche » où il est possible de sélectionner un groupe, une espèce, un mot-clé et de donner des préférences concernant les types d'illustrations. Prenez le temps d'explorer toute la richesse de cette adresse sans vous laisser décourager par la structuration peu efficace des pages.

Zoonet

http://images.zoonet.org/

Après avoir choisi un groupe zoologique en cliquant sur une vignette en haut de la page (attention n'oubliez pas d'utiliser le menu déroulant !), on accède à une petite galerie de photographies de bonne qualité. Reptiles, oiseaux et mammifères sont au programme.

Espèces en danger

http://www.planete.org/

Cette base de données photographiques sur quelques animaux est associée à des fiches présentant la faune menacée.

Veterinet

http://www.mlink.net/veterinet/ani.html

Ce portail donne accès à de nombreux sites très inégaux consacrés aux animaux.

Photos aquatiques

http://www.aquaphoto.ch/

De très belles photographies d'invertébrés et de poissons marins. On peut même récupérer des économiseurs d'écran et envoyer des cartes postales !

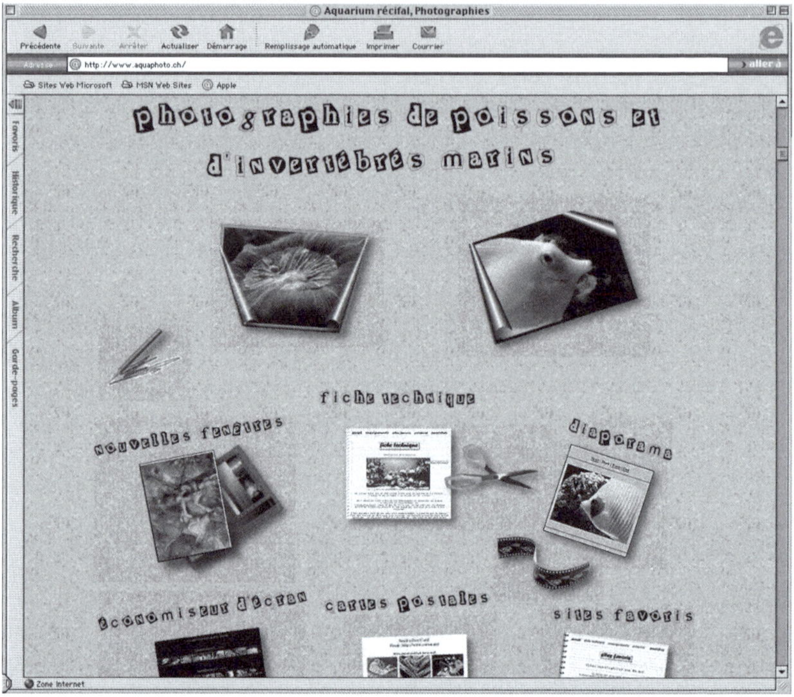

Eaux turquoise

http://www.batnet.com/see&sea/photos.html

De superbes photos de poissons et autres habitants des eaux turquoise.

De l'atome à l'organisme

http://christian.combettes.free.fr/delatomelorgan/

« De l'atome à l'organisme » est consacré à l'organisation biologique d'un organisme animal, végétal ou bactérien. La présentation originale allant de l'atome à l'organisme permet d'appréhender la notion d'échelle du vivant.

Parcs nationaux

http://www.parcsnationaux-fr.com/

Une visite virtuelle des parcs nationaux de France métropolitaine et de Guadeloupe présente les particularités de leur faune et de leur flore, ainsi que les principes de protection et de gestion établis par le ministère de l'Environnement. Des cartes interactives et des conseils pratiques sont également disponibles.

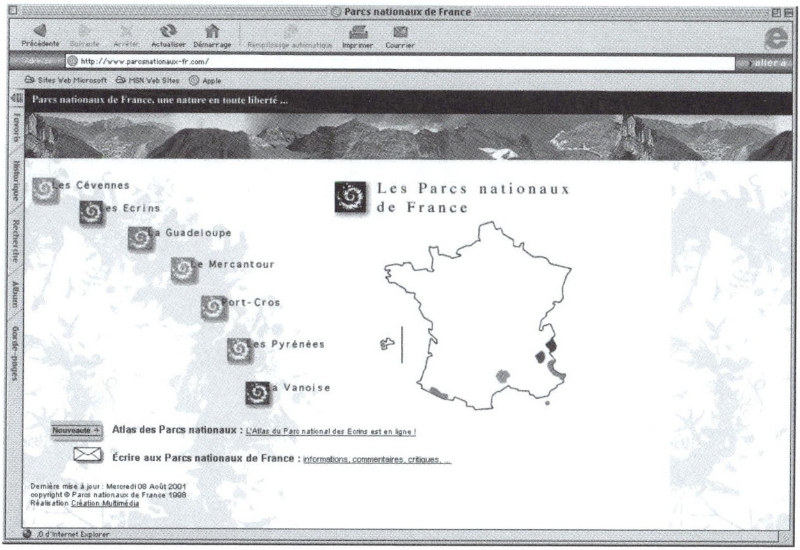

Photographie animalière

http://bbischoff.free.fr

Un site magnifique d'un passionné de la photographie animalière. Les animaux sont présentés dans leur milieu de vie.

Insectes

http://insectes.free.fr/

Cet excellent site est divisé en 5 grandes catégories : 1. Galerie de photographies ; 2. Taxonomie : Insectes classés en différents groupes ; 3. Morphologie ; 4. Physiologie ; 5. Guide donnant des conseils pour les collectionneurs. Il comprend également une bibliographie.

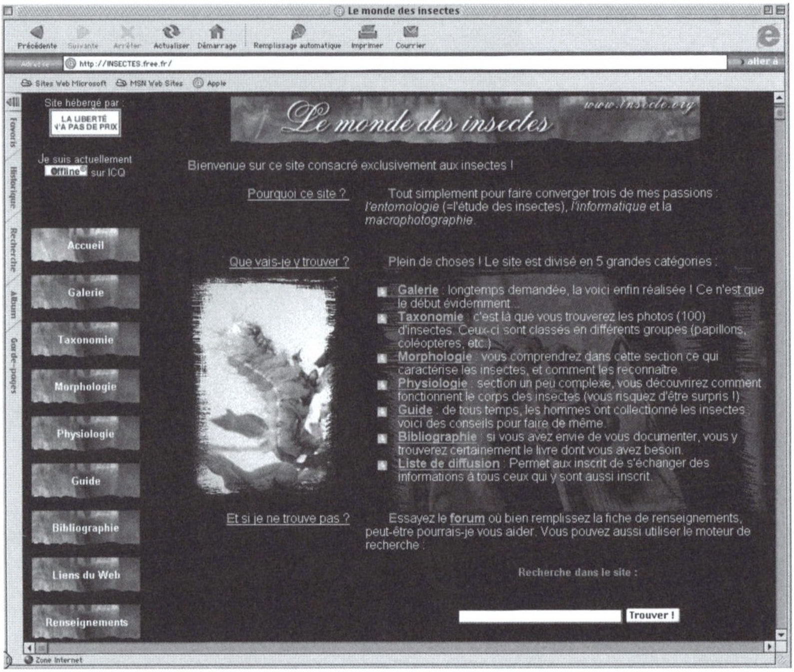

Orthoptères

http://viceroy.eeb.uconn.edu/interkey/shortcuts1

Une intéressante clé de détermination d'insectes orthoptères avec photographies et schémas.

Acridiens

http://www.cirad.fr/web/prifas/acrido/

Site consacré à l'acridologie : textes et schémas sont de grande qualité. Ce site présente aussi bien les acridiens, leur biologie, la taxonomie que l'importance du fléau du point de vue économique.
L'affichage des pages n'est pas toujours idéalement conçu, mais ne vous découragez pas.

Phasmes

http://www.gis.ch/insectes/frame.htm

Des indications pratiques concernant l'élevage des phasmes, des photos et quelques éléments concernant d'autres insectes.

Drosophile

http://flybase.bio.indiana.edu:82/images/

Ce site permet d'accéder à une base de données d'images concernant la drosophile. Les photographies du développement embryonnaire sont particulièrement intéressantes. On y trouve également un ensemble de schémas.

Iowa State University

http://www.ent.iastate.edu/imagegallery/

Cette galerie d'insectes très riche présente même une séquence de dissection d'une tique (*Ixodes scapularis*). Cependant, l'intérêt du site réside avant tout dans les liens établis avec les articles dont sont issues de nombreuses photographies.

Autres invertébrés

Arachnides

http://www.chez.com/pdubois/araignees.html

Bien que ce site soit encore en travaux, les passionnés d'arachnides y trouveront des informations sur la vie des araignées et quelques très belles photographies.

Cloportes

http://perso.wanadoo.fr/zenza/index.html

Ce site passionnant consacré au monde des cloportes est sérieux, bien documenté et illustré. Vous y découvrirez des éléments classiques comme une clé de détermination, mais aussi d'autres, plus originaux : poèmes, utilisation en médecine ou traduction en finnois, breton ou flamand…

Échinodermes

http://www.calacademy.org/research/izg/echinoderm/echilink.htm

Ce site comprend de multiples liens vers des ressources consacrées aux échinodermes.

Annélides

http://biodiversity.uno.edu/~worms/taxonomy.html

Ce site comprend de multiples liens vers des ressources consacrées aux annélides.

Mammifères

Rongeurs

http://www.chez.com/rodent/

Ce site consacré aux rongeurs possède une base de données très riche comprenant photos et descriptifs. Il est possible d'organiser une recherche par familles, genres ou espèces : ne vous découragez pas, l'accès aux données n'est pas toujours évident.

Le loup

http://www.loup.org/

Suivez la trace du loup sur ce très beau site. Vous y trouverez des images, des animations, des renseignements sur la vie des loups, l'évolution de leurs populations en Europe… Bientôt la vie d'une meute de loups pourra être observée en direct à partir d'une webcam installée dans un parc animalier.

Primatologie

http://www.selu.com/bio/PrimateGallery/archive.html

Une galerie de photographies de primates avec des textes descriptifs très bien faits.

Félins

http://www.cathouse-fcc.org/allhtml.html

Pour le plaisir : un monde de félins de toutes sortes. Le site est celui du Centre de conservation des félins, connu sous le nom de *Cat House* et situé en Californie.

Phylogénie

http://phylogeny.arizona.edu/tree/eukaryotes/animals/chordata/mammalia/mammalia.html

Cette base de données concernant les mammifères présente les noms communs et scientifiques, ainsi que, pour certains d'entre eux, des cartes de répartition et des photos. L'accès aux données se fait à partir d'un arbre phylogénétique. Les formes fossiles sont également citées.

Berkeley

http://www.ucmp.berkeley.edu/mammal/mammal.html

Une base de données bien faite sur les mammifères, leurs fossiles, leur biologie.

Reptiles et amphibiens

Serpents

http://perso.wanadoo.fr/fred.snake/

Ce site n'a aucune prétention scientifique. Il a pour simple but d'apporter quelques éléments essentiels à la connaissance des serpents. Il propose une belle galerie de photos et des renseignements intéressants sur les venins et leur action.

http://www.geocities.com/RainForest/Canopy/2731/francais/serpents/Serpent1.htm

Cet ensemble de pages assez intéressantes sur les serpents comprend, en plus d'un ensemble de fiches sur de nombreuses espèces, quelques schémas anatomiques.

Reptimania

http://www.reptimania.com/reptimania.html

De très belles photographies de reptiles permettent d'accéder à des pages de documentation sur la biologie de ces animaux.

Tortues

http://www.geocities.com/SiliconValley/Byte/5000/tortue/menu.htm

Un site personnel présentant quelques caractéristiques de la vie des tortues luth.

http://www.cccturtle.org/

Ce site entièrement consacré aux tortues marines est une mine de renseignements sur leurs déplacements obtenus grâce à des suivis par satellites.

Rainette

http://www.multimania.com/unpeudetout/grenouilles/hyla_cinerea.shtml

La rainette, sa biologie et son développement : des photographies et des textes.

Axolotl et pleurodèle

http://www.univ-rennes1.fr/deabpa/etudiants/elevage.htm

Cette très belle page montre un ensemble de photographies et de conseils pour l'élevage de l'axolotl et des pleurodèles.

Oiseaux

LPO

http://perso.club-internet.fr/fdesjard/

Le site de la LPO (Ligue pour la protection des oiseaux) de Champagne-Ardenne est une mine de renseignements de tous ordres.

Rapaces

http://perso.wanadoo.fr/marie-christine.dehayes/Index.htm

Un site magnifique sur les rapaces diurnes. Vous apprendrez à identifier leur silhouette, leur cri… Vous prendrez même une leçon de vol et découvrirez le vol en tandem du vautour fauve.

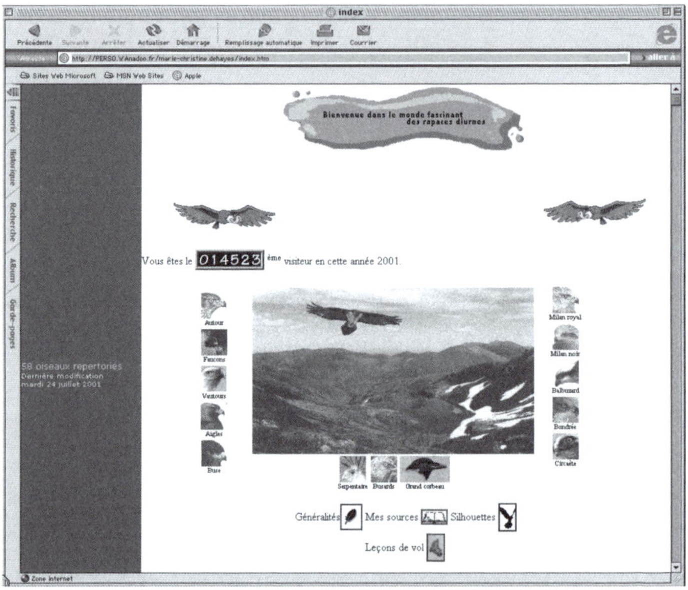

Cigognes noires

http://www.onf.fr/FORET/FAUNE/CIGOGNES/index.html

Ces pages sur la cigogne noire retracent l'action de l'ONF menée depuis 1998, dans le cadre d'un programme international.

Cigognes blanches

http://www.fr.ch/mhn/

Le site du Musée d'Histoire naturelle de Fribourg en Suisse comprend une série de pages consacrées aux oiseaux : webcam permettant de suivre la vie d'un couple de martinets pendant la durée de développement des jeunes oiseaux, suivi par satellite du milan royal, et surtout un ensemble d'informations sur les cigognes blanches. On peut même s'amuser avec la cigogne !

Botanique

Arbonet

http://www.cstrois-lacs.qc.ca:591/arbonet/index.html

ArboNet est une base de données contenant des informations (textes, images et photos) sur plus de deux cents espèces de plantes ligneuses : arbres, arbustes et plantes grimpantes. Cette base de données permet d'effectuer des recherches sur les feuillus et sur les conifères selon de nombreux critères. Il existe même un lexique illustré.

Flora

http://www.csdl.tamu.edu/FLORA/gallery.htm

Cette banque d'images renferme les photographies de plus de 8 800 plantes vasculaires. Les photographies sont classées par espèces, mais il est également possible d'utiliser un moteur de recherche pour accéder à l'image recherchée.

Plantes toxiques

http://plantes.toxiques.free.fr/

80 plantes toxiques y sont inventoriées. Pour chaque plante, la fiche comprend un dessin, un descriptif, les molécules actives et leurs effets.

Livres rares

http://ridgwaydb.mobot.org/mobot/rarebooks/

Ces magnifiques planches de botaniques sont issues de livres rares. Demandez d'afficher toutes les illustrations, vous accèderez alors à un index alphabétique comprenant 658 entrées.

Flore

http://www.unice.fr/ID-Bio/

Ce site créé par des étudiants de l'université de Nice est construit autour du livre de l'abbé Fournier, *Les quatre flores de France.* Il s'agit d'un véritable herbier en ligne avec un glossaire illustré. La mise en ligne des quelque 30000 photos et schémas prévus pour illustrer les 4220 espèces de la flore nécessiteront la participation d'innombrables botanistes !

Macrophotographies

http://130.17.2.215/myscans.html

Quelques belles planches photographiques sont associées à une liste de noms scientifiques.

Caulerpa

http://www.unice.fr/LEML/PagesStatiques/CaulStart.htm

Il s'agit ici d'un portail destiné à l'étude de *Caulerpa taxifolia*. On peut suivre l'évolution des populations de caulerpe au moyen de cartes interactives.

Herbier

http://perso.club-internet.fr/gentric/

Ce site personnel donne les techniques de base pour dessiner ou photographier une plante. Il explique comment reconnaître les plantes et réaliser un herbier.

Palynothèque

http://perso.wanadoo.fr/pollens/

Ce site consacré aux pollens comporte une palynothèque de plus de 300 photographies. On peut aussi accéder au bulletin pollinique des principales villes auvergnates possédant des capteurs à pollens.

Orchidées

http://www.orchidworks.com/orchids/french.htm

100 photographies de haute qualité présentent de magnifiques orchidées. Les images sont associées à un commentaire en anglais.

Plantes carnivores

http://www2.labs.agilent.com/bot/cp_home

Ce site s'intéresse aux plantes carnivores. On peut demander l'affichage des photographies renseignées.

Champignons et lichens

Société mycologique de France

http://www.mycofrance.org/

Le site de la Société mycologique de France présente l'éventail de ses activités. À noter une petite galerie de superbes photos.

Atlas et données toxicologiques

http://www.webatoll.com/champignons/cadres-pharmacie.htm

Une fois passée la mauvaise impression laissée par toutes les animations inutiles, la musique et la présentation surchargée, ce site sur les champignons présente un atlas et des données toxicologiques qui méritent de l'attention. On y trouve même les coordonnées des centres de toxicovigilance.

Centre anti-poison de Lille

http://www.chru-lille.fr/cap/champignon.htm

Ce site, lié au Centre anti-poison de Lille et élaboré pour permettre au grand public de déterminer facilement le nom et la comestibilité des champignons macroscopiques, comprend une clé de détermination simple. Il y a même quelques pages destinées aux enfants.

Champignons japonais

http://www.ne.jp/asahi/mushroom/tokyo/index.html

Site japonais avec de sublimes photographies de champignons. Le téléchargement de la prise en charge des caractères japonais n'est pas indispensable.

Lichens et pollution

http://www2.ac-lille.fr/lichen/

Des pages très complètes sur les lichens et la pollution de l'air.

Micro-organismes

Galerie d'images

http://megasun.bch.umontreal.ca/protists/gallery.html

Ce site extraordinaire comprend une galerie d'images de micro-organismes. Les images sont de qualité et renseignées. On y aborde la systématique de ces organismes.

Cyanobactéries

http://www-cyanosite.bio.purdue.edu/

Les cyanobactéries sont présentées dans ce site par le biais d'une galerie-photos comprenant environ 200 images.

Images virtuelles en 3D

http://research.amnh.org/exhibitions/epidemic/microbes.html

Pour le plaisir des yeux, quelques images virtuelles en 3D de virus, bactéries, protozoaires et parasites.

2 Biologie et physiologie végétales

Sites généralistes

Creaweb

http://ww2.creaweb.fr/bv/

Cet excellent site présente un cours illustré de biologie végétale : les caractéristiques des végétaux, le règne végétal, des données de classification, un test des connaissances… Les schémas et les photographies sont souvent de très bonne qualité. On peut espérer qu'il ne disparaîtra pas trop vite du web, sa dernière mise à jour remontant à 1998.

Cellule végétale virtuelle

http://www.life.uiuc.edu/plantbio/cell/

Une cellule végétale virtuelle à découvrir dans tous les sens et à toutes les échelles. Se promener dans un chloroplaste ou zoomer sur l'information génétique est une approche sympathique de l'ultrastructure cellulaire. Vous y verrez même des thylakoïdes en 3D !

Aperçu de botanique

http://www.multimania.com/mad8/SiteBota/

Ce cours de botanique, très simple, est une bonne initiation à la botanique. Une partie bien conçue concerne la classification des végétaux.

Forêt et arbres

Forêt virtuelle

http://sylva.for.ulaval.ca/foret/

« Un environnement informatisé de formation en biologie forestière ». Dans ce site, extrêmement dense, vous partez à la découverte de la forêt depuis le paysage jusqu'au métabolisme en passant par la structuration des tissus. Le site offre d'excellentes photographies microscopiques, ainsi que des diaporamas amenant à la caractérisation d'une espèce.

ONF

http://www.onf.fr/

Vous désirez reconnaître des champignons, étudier les ressources en bois, découvrir les espèces végétales ou animales de nos forêts, comprendre le rôle des arbres dans le cycle du carbone...? Allez sur le site de l'Office national des forêts (ONF). Il est d'une telle richesse qu'il est impossible d'en faire le tour en quelques lignes : photos, cartes, données statistiques... Vous trouverez pratiquement tout ce qui, dans votre région ou à l'autre bout de la planète, concerne la forêt.

IFN

http://www.ifn.fr/pages/index-fr.html

Le premier objectif du service de l'Inventaire forestier national est l'estimation de l'occupation du sol. Le deuxième objectif est l'estimation de la ressource de bois sur pied des formations boisées et arborées de production. Le troisième objectif répond à des demandes nouvelles inspirées par des préoccupations environnementales. Le site propose, en dehors de résultats chiffrés, un très bon dossier consacré à l'impact des tempêtes de 1999 sur les forêts françaises.

L'arbre

http://domtar.com/arbre/start.htm

Ce site canadien sur l'arbre paraît au premier abord plutôt destiné au collège ou à l'école primaire. On y trouve toutefois des éléments qui peuvent parfaitement être exploités dans le chapitre concernant la morphogenèse végétale en Première S.

Sylviculture

http://perso.wanadoo.fr/le.mago/

Les cours de sylviculture que vous pourrez télécharger sur ce site personnel vous fourniront des éléments intéressants pour le cours de SVT de Première ES. Des liens vous amèneront sur d'autres sites concernant la forêt.

Liens

http://www.multimania.com/unpeudetout/foret/liens_foret.shtml

Voici une page de liens sur la forêt. Bonne exploration !

Incendies de forêt

http://www.promethee.com/prombasedoc/index_1.htm

Prométhée est une base de données sur les incendies de forêts de la région méditerranéenne. Conçue et lancée en 1973, cette opération couvre 15 départements du Sud-Est. Le serveur Prométhée vous permettra d'accéder à un ensemble de statistiques.

Site en bois

♥ http://www.site-en-bois.net/fr/

Partez visiter cet espace destiné à mieux connaître le bois et la forêt. Consultez-y les multiples pages relatives au bois (le matériau, les essences...), aux arbres et forêts remarquables et de façon générale à la filière bois. Le site est bien fait et comprend une belle iconographie. Une série de cartes postales anciennes montre les vieux métiers du bois. Ce serveur pourrait constituer une intéressante base de départ pour un travail pluridisciplinaire.

Agriculture

INRA

http://www.inra.fr/Internet/Produits/HYP3/index.html

L'INRA permet ici l'accès à une base de données qui regroupe plus de 200 fiches décrivant des agents pathogènes (bactéries, champignons, virus) importants en Europe et un glossaire des termes de pathologie végétale. L'ensemble est illustré de 563 photographies en couleurs. La consultation se fait à partir des listes des noms scientifiques, des noms communs de maladies, des termes du glossaire de pathologie végétale ou des cultures.

OGM

http://www.ogm.org/

Ce site consacré aux OGM a été réalisé par des professionnels des semences et de la protection des plantes. L'ensemble est de niveau très inégal. Vous pourrez télécharger un *Livre blanc* résumant la démarche de réflexion de ces organisations professionnelles sur les enjeux des biotechnologies végétales et y demander une documentation gratuite.

Plantes transgéniques

http://www.cnrs.fr/SDV/pltrans.html

Ce site du CNRS comprend un bon dossier sur les plantes transgéniques.

http://www.inra.fr/Internet/Hebergement/OPIE-Insectes/luttebio.htm

Site de référence sur la lutte biologique, essentiellement textuel, avec un certain nombre d'articles en ligne.

Parasitologie

http://www.ent.iastate.edu/imagegal/plantpath/

Cette base de données iconographiques présente un certain nombre de parasites et leur action sur les végétaux. Les photographies proposées sont souvent des liens vers les articles dont elles sont tirées.

3 Biologie et physiologie animales

Cours de zoologie

http://simulium.bio.uottawa.ca/bio2521/

Ce véritable cours de zoologie canadien a pour objectif de permettre de « mieux apprécier la diversité des représentants du règne animal, de comprendre comment leur architecture est adaptée à leur environnement et à leur mode de vie, et comment ces organismes sont reliés les uns aux autres ». Il est très complet et les schémas sont souvent de bonne qualité.

Cours de physiologie animale

http://www.ulg.ac.be/physioan/chapitre/index.htm

Cet intéressant cours de physiologie animale de l'université de Liège est très largement illustré par des photographies et des schémas.

Vache folle

http://www.inra.fr/Internet/Produits/dpenv/vchfol00.htm#crise

« Ce document est destiné à donner à un large public une information relativement précise sur les causes, les effets et les enjeux de la crise de la "vache folle". Le contenu de ce document est puisé dans la "littérature" et mis en forme pour les internautes francophones. » Il est dommage que la structuration de ces pages qui comprennent de nombreuses données soit assez désagréable.

Fièvre aphteuse et vache folle

http://www.fievre-aphteuse.com/

Un site consacré à la fièvre aphteuse donnant essentiellement des résumés d'articles parus à travers la presse et des liens vers les médias concernés. Attention : même la création de liens hypertextes dans un site n'est autorisée que sous certaines réserves. Sous la même forme existe : http://www.vache-folle.com/

Ravageurs

http://www.inra.fr/Internet/Produits/HYPPZ/pa.htm

Cette base de données regroupant près de 300 fiches décrivant des ravageurs (insectes, acariens, rongeurs, nématodes, gastéropodes et petits vertébrés) s'accompagne d'un glossaire des termes de zoologie. L'ensemble est illustré de photographies en couleurs (1 200 environ) et de quelque 150 dessins originaux. La consultation se fait à partir des listes des noms scientifiques ou des noms communs des ravageurs ou des termes du glossaire. Les illustrations (photographies et schémas) sont appelées par des liens hypertextes placés dans les fiches.

4 Biologie et physiologie humaines

Physiologie de la reproduction

Assistance à la procréation

http://www.frm.org/Scientifique/Sujetsfond/Amp/cadamp.htm

Quelles sont les techniques d'assistance médicale à la procréation (AMP) et les voies actuelles de la recherche ? Quels sont les risques et les difficultés auxquels sont confrontés les couples demandeurs d'AMP ? Quelles questions pose l'AMP aux couples et à la société ? Autant de problèmes soulevés dans ces pages consacrées aux techniques de procréation assistée, dont on regrettera simplement la quasi absence d'illustrations.

Cycles sexuels

http://www2.cnam.fr/evariste/evariste/10_cours/cycles/cycles.htm

Les cycles sexuels et le contrôle hypothalamo-hypophysaire sont présentés dans des textes simples accompagnés de schémas et de petites animations.

Procréation

http://www.inrp.fr/Acces/biotic/procreat/accueil.htm

Cette adresse de l'INRP rassemble deux dossiers consacrés au déterminisme du sexe et à l'assistance médicale à la procréation.

Le système cardio-vasculaire

Labo virtuel

http://www.hhmi.org/grants/lectures/vlab98/content/v3start.html

Une conception bizarre, mais sympathique, quand on s'y est habitué : ce laboratoire virtuel de cardiologie permet d'écouter les bruits du cœur, de faire un ECG, etc.

Le cœur humain

http://www.chups.jussieu.fr/sitesrecommandes/coeur-hgs/anat_ps/coeurhumain/coeurhumain.html

De ce cours réalisé par le Pr. Cabrol sur l'anatomie du cœur humain et ses liens avec le système nerveux, on retiendra les photographies et les nombreux schémas.

Le corps humain

Corps humain virtuel

http://www.servicevie.com/02sante/Corps_humain/corps humain.cfm

Le « corps humain virtuel » permet l'accès à des planches très variées d'anatomie. On peut obtenir des informations sur les pathologies associées aux différents organes. Un outil de recherche spécifique peut également être utilisé. Il vous faudra télécharger *Macromedia Shockwave Player,* un utilitaire gratuit, lecteur pour les jeux multimédia, les applications de formation et les démonstrations de produits sur le web. On notera que les documents iconographiques ne peuvent pas être récupérés directement, mais une impression d'écran et un passage par un logiciel de traitement d'images vous tireront d'affaire.

Notre corps

http://le-village.ifrance.com/CorpsHumain/

Le corps humain pour tous les publics, avec une présentation ludique, un classement par systèmes et de nombreuses illustrations (d'inégale qualité toutefois), ainsi que quelques clips qui, aux dires de l'auteur lui-même, sont trop longs à charger et ne démarrent pas correctement à tous les coups. À noter que les fautes d'orthographe et de grammaire sont un peu trop nombreuses…

The Visible Human

http://www.nlm.nih.gov/research/visible/visible_gallery.html

« The Visible Human Project » propose un ensemble de photographies de coupes réalisées à partir d'un organisme humain.

Muscles

http://www.ultranet.com/~jkimball/BiologyPages/M/Muscles.html

Une page consacrée à la structure et à la physiologie du muscle, offrant quelques microphotographies et schémas.

Anatomie

http://www.biomedicale.univ-paris5.fr/anat/anatomie/iconographie/icono.html

Le serveur de l'Institut d'anatomie de Paris donne accès, dans sa partie iconographique, à un ensemble de documents d'anatomie, squelette interactif, planches anatomiques, schémas.

http://www.espace-sciences.org/osvivant

Ce site est particulièrement adapté à des élèves de collège. Le squelette interactif permet d'afficher le nom des os du squelette, les différents types d'articulations. L'iconographie consacrée à l'évolution de l'os au cours de la croissance et du vieillissement est intéressante pour tous.

Techniques d'imagerie médicale

http://www.radiologie-nice.com/

Ce petit site est réalisé par un groupe de radiologues de Nice qui proposent de faire le tour des techniques modernes d'investigation du corps humain (radiologie, échographie, scanner, IRM…) et de répondre aux questions les plus fréquemment posées.

Squelette virtuel

http://www.eskeletons.org/

Ce squelette virtuel permet de visualiser les différents os sous plusieurs angles chez l'Homme, le gorille et le babouin. Il est également possible de comparer deux à deux ces espèces. Les photographies sont de belle qualité ; malheureusement, pour le moment, certaines ne sont plus présentes. Ce site pourra être facilement exploité lors des cours visant à établir les parentés homme-singe.

Physiologie nerveuse

Un portail

http://perso.nnx.com/drose/

Ce portail de neurophysiologie, qui traite de la physiologie du neurone, du système nerveux et de ses pathologies, ainsi que du sommeil, propose également une série de « quizz » de niveau très variable.

Neuroanatomie

http://www.magbio.ens.fr/neuranatpro/index.html

La neuroanatomie par l'image : ce site en construction présente un ensemble de photographies et de schémas très bien faits, parfois légendés. Il est plutôt destiné à des étudiants en médecine, mais peut être une bonne source de documents iconographiques pour l'enseignant de SVT.

Neurophysiologie virtuelle

http://www.hhmi.org/grants/lectures/vlab2/program/v2intro.html

Un laboratoire virtuel de neurophysiologie où l'on se propose de réaliser une dissection de sangsue afin d'isoler des neurones dans un ganglion et de les identifier. La conception est particulière, mais intéressante lorsqu'on prend le temps d'explorer le site, de télécharger les animations et que votre ordinateur le permet !

Au Canada

Un ensemble de pages québécoises réalisées par la Commission scolaire de la région de Sherbrooke s'intéressant à la physiologie nerveuse autour de trois domaines :

http://www.csrs.qc.ca/montcalm/proj/neurones/index.htm

Un site sur le neurone et sa physiologie bien construit.

http://www.csrs.qc.ca/montcalm/proj/neuromod/index.htm

Du même auteur, un site sur la neurotransmission, intéressant et bien illustré.

http://www.csrs.qc.ca/montcalm/proj/ginkgo/index.htm

Une banque d'informations visant à traiter de la mémoire structurée en quatre grandes parties : 1. importance de la mémoire et son fonctionnement, 2. les pathologies, 3. les traitements possibles et 4. la description d'une expérimentation et de ses résultats. À la fin de chaque section se trouve un résumé qui permet de voir l'essentiel de la matière en quelques lignes.

Douleur

http://www.frm.org/Scientifique/Sujetsfond/douleur/cadouleu.htm

Ces quelques pages concernant la douleur sont essentiellement constituées par des textes accompagnés par un assez bon lexique.

Sommeil

http://sommeil.univ-lyon1.fr/index_f.html

Ce site de liens est exclusivement consacré au sommeil. Le sommaire présenté à gauche correspond à des thèmes donnant accès à des listes de sites et d'articles de revues scientifiques en français et en anglais. On peut choisir le niveau d'accès à ces sélections (tout public, amateurs et spécialistes).

Canaux ioniques

http://www2.cnam.fr/evariste/evariste/10_cours/canaux/canaux.htm

L'étude des propriétés des canaux ioniques et la technique du « patch clamp » sont présentées sous forme de petites animations pédagogiques.

Neurobiologie

http://www.inrp.fr/Acces/biotic/neuro/accueil.htm

Ce dossier consacré à la neurobiologie comporte une partie très riche et bien structurée sur la douleur. Deux autres modules sont en préparation et concernent les drogues et les médicaments, ainsi que la plasticité cérébrale.

La nutrition

Appareil digestif

http://www.frm.org/Scientifique/Sujetsfond/nutrition/cadnutrition.htm

Ces pages sont consacrées à l'appareil digestif, aux nutriments et aux principes d'alimentation saine. Les illustrations cliquables sont souvent intéressantes.

Obésité

http://www.frm.org/Scientifique/Sujetsfond/obesite/cadobes.htm

Issues du même site, ces pages de textes concernant l'obésité forment un complément à la présentation de l'hygiène nutritionnelle.

Besoins alimentaires

http://www.cndp.fr/themadoc/besoins/accueil.htm

Ce dossier sur l'alimentation présenté par le CNDP offre la possibilité d'étudier les besoins alimentaires de l'homme. Il sera complété par deux autres modules consacrés à l'équilibre alimentaire et au risque alimentaire. Schémas, textes et vidéo sont accompagnés d'une réflexion de mise en parallèle avec les programmes des différents niveaux.

La vision

Vision et dérèglements

http://pages.globetrotter.net/assoqc/pub.html

Association des optométristes du Québec : un site fait uniquement de textes, mais assez complet sur la vision et ses dérèglements.

Neurophysiologie de la vision

http://www.cnebmn.jussieu.fr/vision/cadres.htm

L'étude présentée est bien structurée et comprend essentiellement quelques notions relativement récentes sur la vision et son aspect neurophysiologique à partir d'un ensemble de textes illustrés.

5 Maladies humaines

Sites généralistes

Liens

http://www.chu-rouen.fr/ssf/biofr.html

Catalogue de liens extrêmement spécialisés vers des sites francophones sur les pathologies humaines.

http://www2.nb.sympatico.ca/sante/F_GENERAL/sitemap.html

Ce site de liens, décrits et évalués, concernant les maladies propose trois pistes d'exploration : un index alphabétique, une arborescence ou une image interactive du corps humain permettant d'accéder aux pathologies classées par zones de l'organisme.

OMS

http://www.who.int/inf-fs/fr/

Le bureau d'informations de l'OMS fournit un ensemble de communiqués de presse concernant les problèmes de santé classés par ordre alphabétique. Un outil de recherche permet d'organiser une requête spécifique.

INVS

http://www.invs.sante.fr/

L'Institut national de veille sanitaire dont la mission est de surveiller, en permanence, l'état de santé de la population et son évolution, donne accès à une série d'articles sur les maladies infectieuses, la santé environnementale, les risques professionnels et les maladies chroniques.

Dossiers de la recherche médicale

http://www.frm.org/Scientifique/scien-gal.htm#sujetsdefonds

Ces dossiers de données médicales, malheureusement pauvres en illustrations, concernent quelques thèmes utiles à l'enseignant de SVT. On peut citer :

http://www.frm.org/Scientifique/Sujetsfond/diabete/caddiab.htm

consacré au diabète ;

http://www.frm.org/Scientifique/Sujetsfond/mcv/cadmcv.htm
consacré aux maladies cardio-vasculaires.

Analyses biologiques et examens médicaux

http://www.pratique.fr/sante/examcomp/

Site qui présente de façon très rapide les différents examens médicaux réalisables chez l'Homme et les valeurs témoins des analyses biologiques.

Maladies infectieuses et parasitaires

Parasitologie

http://arachosia.univ-lille2.fr/labos/parasito/enseignement.html

Un cours de parasitologie générale complété par des données sur les traitements forme l'essentiel de ce site. Les illustrations sont nombreuses et soignées. Un module permet de s'entraîner à la reconnaissance des parasites et pourra servir de support aux révisions des étudiants.

Paludisme

http://asmt.louis.free.fr/

Le paludisme en Afrique et dans l'océan Indien est présenté par l'Institut de médecine tropicale du Service de santé des Armées. Des données sur les parasites, les symptômes et les traitements viennent compléter des informations très précises pour chaque pays. Le site est encore en construction.

http://www.frm.org/Scientifique/Sujetsfond/paludism/palu1.htm

Une page consacrée à la transmission du paludisme et à l'évolution de la maladie. Une mise au point sur les avancées actuelles de la recherche dans ce domaine complète le dossier.

Zoonose

http://www.cnrs.fr/SDV/zoonosesom.html

Les maladies animales transmissibles à l'homme sont présentées sur ce site du CNRS et classées en deux groupes : celles d'origine bactérienne (listériose, peste…) et celles d'origine virale (dengue, grippes, hépatites, virus *Ebola*…). On accède à une collection de fiches bien structurées, mais sans illustrations hormis quelques cartes géographiques.

Santé et voyages

http://www.chu-rouen.fr/cap/svhome.html

Santé et voyages : vaccins, cartes de répartition des zones endémiques des principales maladies tropicales… autant de renseignements utiles tant au professeur préparant ses vacances qu'à l'enseignant recherchant des données de santé publique.

Hépatite C

http://www.chu-rouen.fr/hepatitec/accueil.htm

Un petit site fournissant des renseignements scientifiques et pratiques accompagnés de quelques illustrations concernant l'hépatite C.

Lyme

Deux sites présentent la maladie de Lyme et l'agent responsable, la bactérie *Borrelia*:

http://www.ifrance.com/alfosse/lyme/lyme.html

pour le grand public ;

http://www.md.ucl.ac.be/infect/lyme/lyme_texte.htm

plus complet et richement illustré.

SIDA

http://www.projinf.org/fs/antiVirStrat.html

Le contenu de ce site est axé sur les thérapies antivirales développées dans le traitement des atteintes liées au VIH. Des tableaux de données biologiques proposant des suivis de malades du sida constituent la partie la plus intéressante de ces pages.

Articles de presse

Cet ensemble de sites de même structure offre essentiellement des résumés d'articles parus à travers la presse et des liens vers les médias concernés. On retiendra par exemple les sites sur :

le sida : http://www.hiv-sida.com/

le virus Ébola : http://www.virus-ebola.com/

la légionellose : http://www.legionnellose.com/

Cancérologie

Fondation pour la recherche médicale

http://www.frm.org/Scientifique/Sujetsfond/Cancer/cadcanl.htm

Ce texte rassemble les principales connaissances relatives à l'origine des cancers, l'importance des oncogènes et les avancées récentes dans ce domaine.

National Cancer Institute

http://newscenter.cancer.gov/sciencebehind/index.html

Le National Cancer Institute propose une suite de documents illustrant de façon très simple la nature et l'évolution des cancers.

6 Génétique, maladies génétiques

Gènes et génomes

Université d'Angers

http://sciences.univ-angers.fr/~jalouzot/accueil.htm

Un lexique et un cours de génétique proposés par un universitaire d'Angers. Le cours se décline en deux versions complémentaires : une forme linéaire classique et une forme animée caractérisée par une succession de schémas.

Illustrations

http://www.ornl.gov/hgmis/graphics/slides/images1.html

L'originalité de ce site est de proposer un certain nombre d'illustrations téléchargeables relatives au génome et aux techniques de génie génétique. Ce sont très souvent de grands schémas de synthèse, mais de qualité souvent médiocre.

♥ Cartes génétiques

http://www.ncbi.nlm.nih.gov/entrez/query.fcgi?db=Genome

Dans ce site, il est possible de récupérer les cartes géniques de nombreuses espèces dont la souris, *Arabidopsis*, la drosophile, des micro-organismes eucaryotes et procaryotes, sans oublier l'espèce humaine. Chaque chromosome est cliquable et laisse apparaître la carte des *loci*. La plupart des autres fonctionnalités de ce site restent très difficiles à exploiter.

Sciences en ligne

http://www.sciences-en-ligne.com/gene_genome/accueil.htm

L'intérêt principal de ce site provient de ses animations sur le matériel génétique qui sont utilisables en classe, aussi bien en collège qu'en lycée. Des références d'articles et de livres complètent la structure actuelle du site.

Décryptage du génome humain

Les deux principales revues scientifiques américaines ont consacré des numéros spéciaux au décryptage du génome humain. On retrouve l'ensemble des données sur leurs sites aux adresses suivantes :
http://www.sciencemag.org/content/vol291/issue5507/
pour *Science*.

http://www.nature.com/genomics/human/ pour *Nature*.
Dans les deux cas, les informations sont nombreuses, mais il n'est pas toujours facile de les repérer dans la complexité de ces pages.

Méthylation de l'ADN

http://www3.sympatico.ca/diane.demers/methadn/

Un site canadien sur la méthylation de l'ADN et ses intérêts biologiques. Le sujet peut sembler pointu, mais le site est réellement très bien fait en partant de données simples sur les protéines et les acides nucléiques.

Caryotypes

http://www.selu.com/bio/cyto/human/index.html

Ce site contient un grand nombre d'adresses sur les caryotypes humains (techniques, anomalies, cartographie…) et permet de trouver très rapidement des illustrations intéressantes.

Un portail

http://www.biology.arizona.edu/mendelian_genetics/mendelian_genetics.html

Un portail de génétique mendélienne où il est possible de répondre à de nombreux QCM. Des liens vers d'autres sites existent, mais l'ensemble reste assez ardu.

Drosozone

http://quasimodo.versailles.inra.fr/drosoZone/sommaire.htm

Tout ce que vous avez toujours voulu savoir sur la drosophile… Ce modèle de laboratoire pour les généticiens est formidablement détaillé dans ce site développé par des étudiants ingénieurs. Très bien structurées et richement illustrées, ces pages sont un atout précieux pour comprendre l'intérêt de la mouche du vinaigre en génétique et son histoire.

Infobiogen

http://www.infobiogen.fr/doc/data/tabaanuc.html

Vous trouverez dans ces pages les tables et codes des acides aminés et des nucléotides. L'ensemble est très limité, mais pratique.

Maladies génétiques

Mucoviscidose

http://student.biology.arizona.edu/honors97/group7/

Site sur la mucoviscidose offrant quelques schémas des aspects moléculaires de la maladie. On aborde les effets cellulaires des mutations et l'espoir engendré par certaines thérapies.

Hémophilie

http://www.hemophilia.ca/francais/recherche/

Ce site canadien sur l'hémophilie propose des données sur la thérapie génique, ainsi que des informations scientifiques toujours très accessibles sur les différentes hémophilies et leurs caractéristiques.

Cytogalerie

http://www.pathology.washington.edu/Cytogallery/cytogallery.html

Des caryotypes variés présentent les principales anomalies chromosomiques. Les vignettes renseignées sont liées à des images de grand format et de haute définition. La dernière partie offre des données sur les techniques de visualisation des structures chromosomiques.

Maladies rares

http://orphanet.infobiogen.fr/Site/Page.stm?Lng=Fr

Le seul intérêt de ce site est de fournir la liste alphabétique de centaines de maladies rares et d'offrir quelques références les concernant.

7 Biologie du développement - Embryologie

Un portail

http://www.ucalgary.ca/UofC/eduweb/virtualembryo/

Ce portail d'embryologie vous permettra d'accéder à de nombreux sites souvent très spécialisés, dont certains se révèlent riches en illustrations (photographies, schémas) particulièrement pertinentes.

Biologie du développement

http://www.snv.jussieu.fr/bmedia/index.htm

Dans ce site, le menu « Biologie du développement » vous permettra d'accéder à des cours très complets sur les gènes sélecteurs, la parenté et la diversité entre organismes ou alors à d'excellents modules sur le développement de différents organismes : le xénope, la grenouille, la poule, l'hermelle et l'oursin. Mais il faudra utiliser les adresses suivantes pour découvrir d'autres modules.

http://www.snv.jussieu.fr/bmedia/PetitBuffon/amphibien/index.htm

Le développement d'un amphibien peut être décrit à partir de nombreuses photos bien légendées. Ces documents sont parfaitement adaptés au cours d'embryologie de 2de.

http://www.snv.jussieu.fr/bmedia/xenope1/index.htm

Ici, c'est le xénope que vous pourrez choisir comme exemple. Des séquences animées peuvent être visualisées.

Drosophile

http://quasimodo.versailles.inra.fr/drosoZone/gp07/fgp07p01.htm

Le développement de la drosophile est présenté dans un ensemble de pages illustrées de caricatures, mais surtout de photographies parfaitement adaptées au programme du secondaire. On citera par exemple de belles photographies de drosophiles mutées au niveau de leurs gènes de développement.

http://flyview.uni-muenster.de:8080/index/index_frame.html

Ce site contient des schémas qui illustrent très bien le développement embryonnaire de la drosophile. L'exploration en est toutefois assez complexe. Allez dans le menu Index pour pouvoir accéder à un certain nombre de photographies et d'animations téléchargeables.

Papillons

http://expopapillon.free.fr/index.shtml

Dans ce site personnel réservé aux papillons, on trouve une série de photographies allant de l'œuf au papillon.

Embryologie

http://nte-serveur.univ-lyon1.fr/embry/

Cette excellente base de données d'images d'embryologie est une source fabuleuse pour l'enseignant : pour chaque organisme étudié, les documents sont regroupés sur une même page sous forme de vignettes permettant de visualiser rapidement la préparation qui vous intéresse. Ces images sont commentées. Possibilité de recherche par mots-clés associés aux photographies illustrant la notion.

http://www.luc.edu/depts/biology/dev/devm.htm

L'embryologie pourra être étudiée dans ce site à partir de pages comportant schémas, photos et animations. Certaines des illustrations sont de très bonne qualité.

8 Immunologie

HLA et allergie

http://www-dsv.cea.fr/thema/hla2/hla2.htm

Le groupe responsable de ce site expliquant le système HLA et l'allergie fait partie du Département d'ingénierie et d'études des protéines appartenant à la Direction des sciences du vivant du Commissariat à l'énergie atomique (CEA). Les nombreuses informations sur l'allergie et sur le système HLA sont une source très riche de documents pour l'enseignement des SVT.

Mécanismes immunologiques

http://www.cat.cc.md.us/courses/bio141/lecguide/unit3/u3iiiab.html

Les animations présentant les mécanismes immunologiques sont relativement simples et constituent un bon support pour l'illustration d'un cours. Le site propose également de nombreux schémas annotés.

UHP Nancy

http://www.medecine.uhp-nancy.fr/public/labos/immuno/www/cnote/polynet.htm

Ce site d'étudiants en médecine fournit exclusivement un ensemble assez conséquent de schémas issus d'un cours d'immunologie générale. La qualité est souvent médiocre, mais les illustrations peuvent néanmoins avoir un intérêt pour préparer un cours.

National Cancer Institute

http://newscenter.cancer.gov/sciencebehind/uis/uisframe.htm

Le National Cancer Institute propose une suite de documents illustrant de façon très simple la nature et les mécanismes de défense immunologique.

Arizona

http://www.biology.arizona.edu/immunology/immunology.html

Les pages de ce site comprennent un grand nombre d'exercices interactifs le plus souvent d'intérêt limité, mais on peut aussi y trouver quelques documents plus intéressants.

http://www.biology.arizona.edu/immunology/tutorials/antibody/structure.html

Cette page fournit un ensemble d'images et d'animations présentant la structure des anticorps.

http://www.biology.arizona.edu/immunology/tutorials/AIDS/main.html

Dans ces pages, l'accent est surtout mis sur les relations entre VIH et déficiences du système immunitaire.

Des liens

http://www.chu-rouen.fr/ssf/immunfr.html

Ces pages de liens donnent accès à tout un ensemble de sites d'immunologie. Leur exploitation est toutefois assez délicate.

Allergies et pollens

http://www.rnsa.asso.fr/pollens/index.html

Le Réseau national de surveillance aérobiologique (RNSA) a pour objet principal l'étude du contenu de l'air en particules biologiques pouvant avoir une incidence sur le risque allergique pour la population. Il étudie le contenu de l'air en pollens et en moisissures, ainsi que les données cliniques associées. Son site propose quelques pages très simples sur les pollens et leurs incidences sur la santé.

http://www.cat.at/pollen/

Ce site concernant les pollens et les allergies présente des cartes de répartition des pollens en fonction du temps, des photos et caractéristiques des plantes allergisantes. Des liens sont établis avec de nombreux sites du même type.

Test ELISA

http://www.hhmi.org/grants/lectures/vlab1/vlabmain.html

Un laboratoire virtuel de biologie où l'on se propose de réaliser un test ELISA. La conception de cette animation est très particulière, mais elle peut intéresser les élèves.

9 Biologie cellulaire et moléculaire

Un cours

http://www.cu.lu/labext/rcms/cppe/index.html

Ce site propose un cours de biologie cellulaire assez simple dont l'intérêt principal réside dans les illustrations souvent de qualité. On y trouve également quelques pages sur la fermentation alcoolique dans le cadre de la fabrication de la bière. On regrettera peut-être la présentation sous forme de cadres qui donne une vue trop fragmentée du site.

Un autre cours...

http://www.multimania.com/acell/

Ce site dédié à la biologie cellulaire comporte un cours bien structuré, des actualités, un forum, des dossiers consacrés aux eucaryotes, procaryotes et virus et un glossaire. Une galerie de très belles photos commentées dont malheureusement bien peu peuvent être agrandies.

Base de données moléculaires

http://www.clunet.edu/BioDev/omm/exhibits.htm

Cette base de données moléculaires très riche est présentée sous forme d'animations liées à des scripts de type *chime*. Les molécules peuvent être visualisées et récupérées au format pdb, puis traitées grâce au logiciel RASMOL. Ne vous inquiétez pas trop si vous avez des problèmes avec certains modules, il semble y avoir des erreurs qui rendent l'ensemble assez instable. Il faut de plus que votre ordinateur ait un accès assez rapide, les téléchargements étant relativement longs.

http://www.pharmcentral.com/

Ces quelques pages très minimalistes forment un catalogue très riche de structures de molécules biochimiques. Il est facile d'accès, mais il vous faudra tout de même extraire, par un logiciel de dessin, la molécule qui vous intéresse de l'image regroupant toutes celles du même groupe.

http://www.neuro.wustl.edu/neuromuscular/lab/molecule.htm

Ces pages rassemblent des données de nature moléculaire très variées : on y trouvera des schémas des structures moléculaires de neurotransmetteurs, acides aminés, cytokines... Ce site est très complet, mais tellement dense qu'il en devient difficile à explorer.

Acides aminés

http://www.chemie.fu-berlin.de/chemistry/bio/amino-acids.html

Vous trouverez ici quelques pages présentant la composition et la structure des acides aminés.

Signalisation et activation cellulaire

http://www.med.univ-angers.fr/discipline/bio_cel/index.shtml

Ce cours destiné aux étudiants de médecine aborde les mécanismes généraux de transduction des signaux cellulaires, ainsi que des données plus spécifiques comme l'apoptose. Des schémas qui s'ouvrent dans de nouvelles fenêtres illustrent ces données.

Pharmacologie

http://www.med.univ-rennes1.fr/etud/pharmaco/index4.htm

Ce cours de pharmacologie comprend des cours en ligne, ainsi que des diaporamas Powerpoint (à éviter, vu la lenteur de leur déroulement). La plupart des cours ne peuvent être utiles qu'à l'étudiant, mais l'enseignant y trouvera des chapitres qui lui permettront de consolider ses connaissances sur les récepteurs des principales drogues et des neurotransmetteurs, ainsi que quelques données de pharmacologie sur les maladies de Parkinson et d'Alzheimer.

Toxicologie

http://schwann.multimania.com/toxico.html

La toxicologie générale est abordée dans ce site qui met l'accent sur l'aspect neurobiologique de l'action des principales drogues. Des schémas intéressants, mais de qualité souvent assez médiocre, accompagnent le texte.

Mitose

http://sylva.for.ulaval.ca/foret/mitose/mitose.html

Cet extrait d'un site sur la forêt présente une petite séquence de microphotographies annotées de mitose.

Virtual cell

http://personal.tmlp.com/Jimr57/tour/cell/cellfr.htm

« The virtual cell » propose d'explorer une cellule de l'intérieur grâce à des animations interactives. Il existe bien une version en français, mais la traduction est très approximative.

Biologie cellulaire virtuelle

http://www.cellsalive.com/

De la biologie cellulaire virtuelle : accédez à l'Index du menu et lancez-vous dans l'exploration, vous y trouverez de petites merveilles (cellules embryonnaires cardiaques en train de battre par exemple) et une foule de choses sans grand intérêt ou inaccessibles !

Organites

http://cellbio.utmb.edu/cellbio/

Ces pages de biologie cellulaire, très complètes et richement illustrées, sont classées par type d'organite et méritent que vous y consacriez quelques clics !

Microbiologie et virologie

Virologie

http://www.virology.net/

Virology.net est une mine d'informations sur les virus, la virologie, la microbiologie et les maladies infectieuses. Vous y trouverez des banques d'images et une sélection de liens. *The Big Picture Book of Viruses* vous fournira des centaines de photographies et de schémas de virus variés.

Rétrovirus

http://www-micro.msb.le.ac.uk/335/Retroviruses.html

Un petit site consacré aux rétrovirus avec des schémas nombreux et spécialisés.

10 Histologie

Un atlas

http://histo-www.med.fundp.ac.be/TP1med-2VT/general/startHG.html

Un atlas digital d'histologie générale vous permet de visualiser de nombreuses photographies légendées. Chaque document est associé à un petit texte de présentation. Le téléchargement des images est toutefois relativement lent.

Tube digestif

http://sti-bio.scola.ac-paris.fr/pedago/histolo/frhisto.htm

Ce site donne accès à une imagerie scientifique commentée de l'histologie du tube digestif. Les photographies sont de bonne qualité.

Banque d'images

http://biodidac.bio.uottawa.ca/thumbnails/histocatquery.htm

Cette excellente banque d'images vous permet de sélectionner les photographies dans un menu un peu trop discret localisé au haut de l'écran. Vous choisirez la mitose ou un type de tissu pour ouvrir les différents dossiers. La vignette renseignée vous permet d'afficher la photographie de plus grande taille.

Université d'Angers

http://www.med.univ-angers.fr/discipline/lab_hema/index.shtml

Ce site d'hématologie a l'avantage de proposer des microphotographies de grande taille. Un exercice interactif de reconnaissance cellulaire permet de vérifier les connaissances.

Sang

http://pathy.med.nagoya-u.ac.jp/atlas/doc/atlas.html

La base de données iconographiques présente des cellules sanguines normales et des exemples de pathologie. On notera que les vignettes cliquables sont liées à de grandes photographies souvent d'excellente qualité.

11 Éthique et problèmes de société

UNESCO

http://www.unesco.org/ibc/fr/themes/index.htm

Sur ce site de l'UNESCO sont rassemblés un ensemble de textes présentant une réflexion sur la bioéthique.

Assistance médicale à la procréation

http://www.inrp.fr/Acces/biotic/procreat/amp/html/ressourc.htm

Des informations sur l'assistance médicale à la procréation et des rappels législatifs.

Filière des viandes

http://www.mhr-viandes.com/fr/docu/docu/d0000661.htm

Dans le site de la filière des viandes françaises sont regroupés des liens vers un ensemble d'articles qui concernent le clonage, la transgénie et les biotechnologies. On peut regretter que de nombreux liens ne soient plus actifs, en particulier ceux qui pointent vers Yahoo-actualités.

Jeunesse et sports

http://www.jeunesse-sports.gouv.fr/

Le site du ministère de la Jeunesse et des Sports propose un dossier sur le dopage et sur les risques liés à la pratique sportive.

Plantes transgéniques

http://www.cnrs.fr/SDV/pltrans.html

Un dossier du CNRS sur les plantes transgéniques.

Dopage

http://www.dopage.com/fr/model/model.php?id=accueil_index

Ce portail de lutte contre le dopage propose des actualités et surtout un catalogue des produits dopants et les dangers de leur utilisation.

Drogues

http://www.pretory.com/ipi/

Ce site grand public présente les drogues et la toxicomanie dans un esprit de prévention.

4

Les sciences de la Terre et de l'Univers

1 Astronomie et planétologie

Des liens

http://www.obs-hp.fr/www/other.html

De très nombreux liens vous amènent vers des sites d'astronomie. Il vous faudra un temps très important pour faire ne serait-ce qu'un inventaire superficiel.

Institut d'astrophysique spatiale (IAS)

♥ http://www.ias.fr/cdp/

Si vous vous intéressez à l'espace, ce site d'une fabuleuse richesse vous permettra de partir à la découverte aussi bien des objets du système solaire et de l'univers que des missions et techniques d'exploration.

Observatoire de Haute-Provence

http://www.obs-hp.fr/

Le site de l'Observatoire de Haute-Provence : quelques photos, des articles récents, mais pointus.

USGS

http://wwwflag.wr.usgs.gov/USGSFlag/Space/space.html

Ces pages de liens sur l'espace sont à explorer ; le domaine est d'une telle richesse que l'on découvre toujours des nouveautés ou des exploitations de données acquises il y a plusieurs années, mais traitées par des méthodes plus récentes.

Regards sur le système solaire

♥ http://planetscapes.com/solar/french/homepage.htm

Regards sur le Système Solaire présente les caractéristiques des planètes associées à des images et des liens. Si la page de départ est en français, on tombe cependant très rapidement sur des documents exclusivement anglophones.

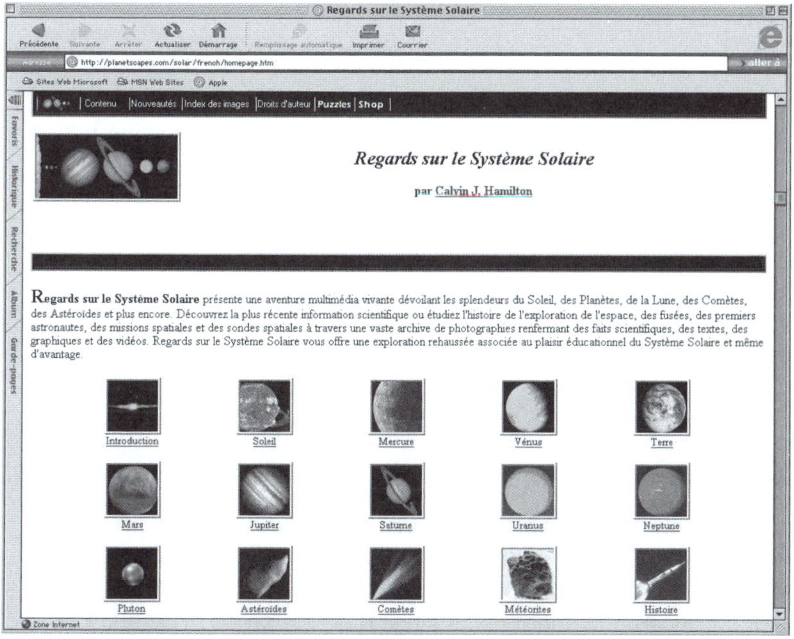

Glossaire

http://www.bdl.fr/solarsys/projet/glossaire.html

Ce glossaire, issu de l'ouvrage *Introduction aux éphémérides astronomiques* publié par le Bureau des longitudes, donne une liste de définitions et d'explications correspondant à une nomenclature astronomique rangée par ordre alphabétique.

Planétologie

http://www.ac-reims.fr/datice/astronomie/cadre_planetes.htm

Les principales caractéristiques des planètes sont réunies dans ces pages. On retiendra pour la Terre les pages présentant les saisons et les mouvements de la planète.

9 planètes

http://www.uhp.u-nancy.fr/~riess/9planetes/systeme_solaire/

Le site présente les caractéristiques des planètes associées à des images et à des liens.

L'image du jour

http://antwrp.gsfc.nasa.gov/apod/lib/aptree.html

Astronomy Picture of the Day, un site qui propose tous les jours une nouvelle image commentée qui concerne l'espace. Vous pourrez accéder aux archives de différentes façons : par thèmes, par dates de publication et grâce à un outil de recherche.

Hubble

http://oposite.stsci.edu/pubinfo/Subject.html#SolarSystem

Les objets célestes vus par le télescope spatial Hubble : un catalogue d'images dont certaines sont vraiment très belles.

Banque d'images

http://photojournal.jpl.nasa.gov/

NASA's Planetary Photojournal: Cette banque d'images des objets célestes peut être interrogée par objet et par instrument d'observation. Toutes les images sont renseignées. Rappelons que vous pourrez intégrer dans vos pages web ces images libres de droit pour le monde éducatif.

Mars

http://mpfwww.jpl.nasa.gov/mgs/msss/camera/images/index.html

L'un des sites les plus riches consacrés à la planète Mars. Les images issues des différents laboratoires liés à la NASA sont libres de droit dans le cadre éducatif.

http://www.nirgal.net/main.html

Ce site français est une référence quant aux connaissances acquises sur la planète Mars : 800 pages de texte, plus de 500 photographies.

http://www.astrosurf.com/planete-mars/image_semaine/2001/annee2001.html

Dans ces très belles pages, vous découvrirez la planète Mars à partir d'images commentées. Textes et documents iconographiques sont d'excellente qualité.

Atmosphère martienne

http://nova.stanford.edu/projects/mgs/

Ce site est consacré à l'atmosphère martienne. Vous y trouverez des données physiques et une liste de liens donnant accès à un ensemble d'images de l'atmosphère martienne.

2 Observation de la Terre

Obter

http://www.educnet.education.fr/obter/default.htm

Pour vous initier aux techniques d'observation de la Terre et à l'interprétation des images de télédétection, voici un site incontournable pour l'enseignant. Vous y téléchargerez des images SPOT ou des données d'étude de l'ozone stratosphérique, vous trouverez des applications disciplinaires et interdisciplinaires.

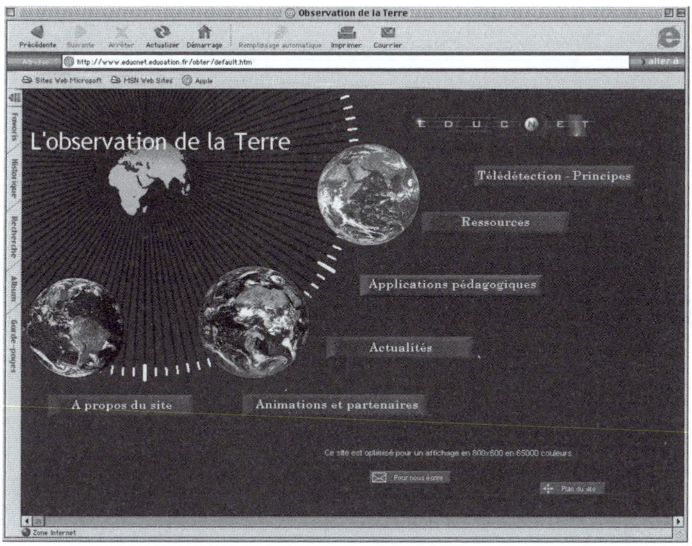

http://landsat.gsfc.nasa.gov/main/images.html

La Terre observée depuis l'espace : après avoir visité cet ensemble de galeries d'images de télédétection, vous risquez de ne plus savoir quel exemple vous aurez envie d'exploiter pour votre cours de Seconde !

Earthshots

http://edcwww.cr.usgs.gov/earthshots/slow/tableofcontents

Une autre banque d'images d'observation de la Terre : ce site vous offre la possibilité de choisir des images satellitales classées par thèmes, concernant toutes les régions de la Terre. Pour certaines d'entre elles, vous pourrez montrer une évolution car des images prises à des dates différentes ont été regroupées.

Orbimage

http://www.orbimage.com/news/image_gallery.html

Allez explorer les archives de ce site d'images de télédétection. Les images sont malheureusement peu renseignées.

Earth from space

http://earth.jsc.nasa.gov/mm.html

Une autre base de données d'origine américaine. Vous y rechercherez les images qui vous intéressent par thème ou par approche cartographique. On rappellera que ces images sont libres de droit pour le monde éducatif, mais que les applications commerciales doivent être négociées.

Spotimage

http://www.spotimage.fr/accueil/news/month/welcome.htm

Le site de Spotimage offre une série d'« Images du mois » de petit format. Les droits d'utilisation de ces documents sont moins libéraux que pour les sites proposant des images d'origine américaine.

CNES

http://www.cnes-edu.org/

Site éducatif du Centre national d'études spatiales : le support de cours consacré aux ballons pourra vous fournir des données d'étude sur l'atmosphère terrestre. Vous trouverez également des informations sur les écoles et universités d'été consacrées à l'observation de la Terre ou des planètes.

3 Structure et dynamique du globe terrestre : données générales

GTD

http://www.ens-lyon.fr/Planet-Terre/Site/index.htm

Conçu pour accompagner la mise en place des programmes de lycée et pour rassembler des ressources utiles à l'enseignement des Sciences de la Terre, Planet-Terre est un site mis en place sous la responsabilité du Groupe technique disciplinaire (GTD) des Sciences de la Vie et de la Terre. Les thèmes traités, en plus de la planétologie, concernent la Terre et son environnement global, sa structure, sa composition et sa dynamique interne.

Un cours

http://www.ggl.ulaval.ca/personnel/bourque/intro.pt/table.matieres.html

Voici un excellent cours de géologie réalisé par un professeur de l'université de Laval au Canada. Très bien construit, il est richement illustré. Vous aurez sans doute envie d'utiliser des extraits et des documents iconographiques. Pensez à respecter les droits de l'auteur.

Un autre cours

http://homepages.ulb.ac.be/~jscoates/teach/GEOL019/program.html

Un autre cours de géologie, belge cette fois-ci, très complet et bien structuré.

Structure du globe

http://www2.cnam.fr/evariste/evariste/10_cours/ondesp/Strglobe.htm

Ces pages écrites par un enseignant de SVT vous aideront à enseigner la structure du globe terrestre et surtout à montrer comment cette structure a été étudiée et comprise par les chercheurs.

Si la Terre m'était contée

http://www.cgq-qgc.ca/tous/terre/index2.html

Ce site est une introduction aux Sciences de la Terre et s'adresse à tous. C'est une loutre qui vous guide à travers une série de thèmes bien expliqués, dans un langage simple.

4 Volcanisme

Observatoires volcanologiques français

http://volcano.ipgp.jussieu.fr:8080/

Ce site de l'Institut de physique du globe de Paris vous permet d'accéder aux Observatoires volcanologiques français, établissements de recherche dont la vocation est d'améliorer la connaissance de l'état d'un volcan, de son évolution et de ses manifestations éruptives. Les données sont mises à jour très régulièrement, des photos prises hier au Piton de la Fournaise, sont en ligne aujourd'hui...

Volcans du monde

♥ http://volcano.und.nodak.edu/vw.html

Voilà LE site sur les volcans. Vous choisirez par région ou par nom de volcans et vous découvrirez des pages souvent très complètes, avec la localisation géographique précise, de nombreuses photos, des schémas, des cartes, des textes...

Allez par exemple voir une page consacrée à un volcan éteint en Australie :

http://volcano.und.nodak.edu/vwdocs/volc_images/australia/argyle/argyle.html

ou celle consacrée à un volcan du Zaïre :

http://volcano.und.nodak.edu/vwdocs/volc_images/africa/nyiragongo.html

Global Volcanism Program

http://www.volcano.si.edu/gvp/index.htm

Les volcans du monde : cette base de données concernant l'ensemble de la planète propose des renseignements plus ou moins complets suivant les régions (cartes, schémas, données géochimiques...).

http://www.volcano.si.edu/gvp/volcano/region03/indian_w/pdlf/var.htm

Voici, extrait de la base de données précédente, un site particulièrement intéressant qui concerne le Piton de la Fournaise.

Volcanoes of the world

http://vulcan.wr.usgs.gov/Volcanoes/

Ce site très dense, assez difficile à explorer, représente un inventaire des volcans du monde avec références. Il comprend une extraordinaire base de données d'images.

Tout sur les volcans

http://www.multimania.com/lave/

Ce site français consacré au volcanisme vous promet « Tout ce que vous avez toujours voulu savoir sur les volcans sans jamais oser le demander à un (des) spécialiste(s)... » L'actualité, un glossaire, d'excellentes fiches scientifiques de vulgarisation, une très belle photothèque, le site mérite que vous vous y attardiez.

Éruptions

http://volcano.und.nodak.edu/vwdocs/current_volcs/current.html

Vous trouverez ici des indications consacrées aux dernières éruptions volcaniques avec des images et un journal du suivi des éruptions. La mise à jour laisse toutefois un peu à désirer.

L'Etna

http://www.geo.mtu.edu/~boris/ETNA.html

Cette page d'accueil consacrée à l'Etna vous emmène dans un site passionnant, très richement illustré de photographies et de cartes.

http://perso.club-internet.fr/rivierec/index.htm

Le site des « passionnés de l'Etna » est particulièrement intéressant. Les photographies sont magnifiques, mais vous vous intéresserez peut-être davantage aux méthodes d'auscultation du volcan, aux pages de minéralogie ou au suivi géochimique.

Risques et volcans

http://www.environnement.gouv.fr/dossiers/risques/risques-majeurs/p43.htm

Cette page du ministère de l'Aménagement du territoire et de l'Environnement est consacrée aux risques liés au volcanisme. Elle comprend quelques éléments de géologie destinés au grand public.

Des liens

http://perso.club-internet.fr/decobed/sitescameras.html#specialises

Cette page de liens est exclusivement consacrée aux sites de volcanologie.

Volcans du Massif central

http://www.brgm.fr/volcan/index/nouvelle1.htm

Partez à la découverte du volcanisme du Massif central dans ce site très riche, bien illustré. Vous découvrirez même une animation intéressante sur la formation du Cantal dans la rubrique « un peu de géologie cantalienne ».

Volcans et satellites

http://www.jpl.nasa.gov/radar/sircxsar/volcanoes.html

Des satellites découvrent les volcans du monde ; ce sont surtout des images radar avec textes à l'appui, pas toujours agréables à consulter.

Vulcania

http://www.vulcania.tm.fr/DOSSIERS/vulcania1.htm

Vulcania, parc européen consacré au volcanisme, vous propose quelques dossiers, des liens et un petit glossaire.

Photos

http://opdaf1.obspm.fr/~pascal/volcans_it.html

Admirez la collection de photographies de ce passionné des volcans.

Un site personnel

http://perso.infonie.fr/fretard/volcan.htm#

Cette page personnelle vous donne quelques éléments intéressants, bien qu'elle soit un peu sommaire.

5 Séismes et tectonique

Institut de physique du globe de Paris

http://geoscope.ipgp.jussieu.fr/

http://geoscope.ipgp.jussieu.fr/DERNIERS_SEISMES/Default_derniers_seismes.htm

Cliquez sur les liens, en bas de page, pour accéder aux données concernant les derniers séismes et sur la carte réactive pour consulter les archives. Chaque séisme est replacé dans un contexte sismique régional, les sismogrammes peuvent être enregistrés ou directement imprimés.

École et Observatoire des sciences de la Terre de Strasbourg

http://eost.u-strasbg.fr/pedago/Accueil.html

Vous trouverez sur ce site un ensemble de documents pédagogiques de l'École et Observatoire des sciences de la Terre de Strasbourg (EOST). Prenez le temps, la présentation est un peu rébarbative, mais vous trouverez de quoi faire comprendre à tous vos élèves ce qu'est la sismologie.

Rénass

http://renass.u-strasbg.fr/

Le RéNaSS est la fédération des réseaux régionaux de surveillance sismique placés sous la responsabilité des Observatoires des sciences de l'univers et de laboratoires CNRS-Universités. Sur son site, vous pourrez découvrir les dernières urgences, des cartes de sismicité...

Séismes en Californie

http://www.scecdc.scec.org/eqsocal.html

Ce site extraordinaire consacré à la sismicité en Californie propose des cartes, des coupes, des animations, des textes, des tableaux, etc.

Logiciels

http://www2.cnam.fr/evariste/evariste/10_cours/sisref/Sisref.htm

La sismique réflexion et la sismique réfraction présentées à l'aide de deux logiciels de simulation. Vous pourrez télécharger ces logiciels gratuits conçus par un collègue de SVT. N'hésitez pas à lui envoyer un message si vous rencontrez des difficultés.

Enregistrement sismique

http://www.cjonquiere.qc.ca/sismo/

Ce site canadien propose l'enregistrement, par la station locale de l'établissement scolaire, de l'activité sismique en temps réel. Quelques photos des dégâts liés aux séismes…

6 Pétrographie

BRGM

http://webmineral.brgm.fr:8003/mineraux/Main.html

Vous trouverez sur le site du BRGM une collection de minéraux d'une très grande richesse : échantillon macroscopique, lames minces, composition, description. Vous pourrez obtenir ces données à partir d'un index alphabétique, des grandes classes de minéraux, des systèmes cristallins ou de vignettes les représentant. Un glossaire est également proposé.

Atlas minéralogique et pétrologique

http://www.geolab.unc.edu/Petunia/IgMetAtlas/mainmenu.html

Un extraordinaire atlas d'images de roches et minéraux en lames minces. Pour certaines d'entre elles, vous aurez à la fois la lame en lumière naturelle et en lumière polarisée.

Un cours

http://perso.libertysurf.fr/pst/svtiufm/roches.htm

Ce site personnel pédagogique comprend un cours sur les roches et les minéraux.

Lexique

http://www.geol-alpes.com/0_accueil/glossaire_roches.html

Un lexique de pétrographie.

7 Géologie régionale

Les Alpes

♥ http://www.ifrance.com/geol-alp/

Un site dont le propos est de « faire découvrir la dimension géologique des paysages de la chaîne des Alpes françaises, en utilisant photographies commentées et schémas, et de vous la faire visiter avec le regard d'un géologue. Il n'en décrit pas encore toutes les régions, mais le domaine qu'il couvre continue à s'accroître "en tache d'huile", par adjonctions et retouches successives ». Ce site magnifique avec photographies de paysages interprétés, lexique, extraits de cartes, schémas vous sera très utile pour préparer une sortie sur le terrain.

L'Alsace

http://jasper.kioskdu.com/region.html

Cette rubrique présente la géologie de la région Alsace au travers d'une étude du Pr. Gall et quelques fossiles collectés autour de Mulhouse.

Le Bassin armoricain

http://perso.wanadoo.fr/armorique.mineraux/Index.html

Ce site personnel sur le Bassin armoricain est intéressant. Sa conception avec de multiples cadres rend toutefois son exploration peu agréable.

La Corse

http://www.ac-corse.fr/SVT/ressources/geologie/corsreg.htm

La géologie de la Corse : deux exposés qui inaugurèrent, en 1993, le congrès APBG organisé sur l'île.

Le Massif central

http://perso.cybercable.fr/lecantal/paysages.htm

Un petit site qui présente l'histoire géologique du Massif central.

Les formations géologiques du Léon

http://www.ac-rennes.fr/pedagogie/svt/gfrtravsvt.htm

L'étude présentée a été réalisée « par les élèves d'une classe de Première scientifique du lycée de l'Harteloire de Brest. Aussi ce n'est pas un travail de recherche, mais un simple compte rendu d'une excursion, réalisé avec certainement beaucoup de simplifications et d'imprécisions dans les explications géologiques. » En fait, il s'agit là d'un bon site pour partir à la découverte des formations géologiques du Léon.

Djibouti

http://www.jpb-imagine.com/djibgeol/somasal.html

Visite virtuelle du bassin d'effondrement Asal-Ghoubbet al Kharâb en République de Djibouti grâce à une galerie de photographies et de documents cartographiques.

8 Ressources pétrologiques

Glossaire

http://www.nrcan.gc.ca/mms/school/glossair.htm

Ce glossaire canadien sur les métaux et autres substances utiles à l'homme donne accès à des informations qui dépassent le niveau d'un simple lexique.

Carrières

http://www.carrieres-thiviers.fr/sites.htm

Le site d'une société d'exploitation en Dordogne présente sept carrières de roches massives et deux carrières de matériaux alluvionnaires.

Il s'agit d'un site commercial certes, mais qui montre ses carrières avec des panoramiques qui peuvent donner des renseignements intéressants.

Travaux d'élèves

http://www.ac-rennes.fr/pedagogie/svt/gfrtravsvt.htm

« L'étude ici présentée a été réalisée par les élèves d'une classe de première scientifique du lycée de l'Elorn de Landerneau. Aussi ce n'est pas un travail de recherche mais un simple compte-rendu d'une excursion, réalisé avec certainement beaucoup de simplifications et d'imprécisions dans les explications géologiques. » Un travail intéressant sur les minerais et les matériaux de carrière.

L'aluminium et les bauxites

http://www.intexalu.com/aluminium/alu5.htm

Quelques pages sur la production d'aluminium à partir des bauxites.

Le charbon

http://www.groupecharbonnages.fr/version_francaise/Saga/index-ody.html

Extraites du site du Groupe des charbonnages de France, ces quelques pages vous feront découvrir la saga du charbon.

Les diamants

http://diamants.infos.free.fr/index.html

Vous êtes fasciné(e)s par ces joyaux ? Vous allez découvrir les plus beaux diamants du monde. Mais pour votre travail, plongez dans le menu « diamants bruts », vous apprendrez alors dans quelles conditions géologiques ils peuvent se former, vous vous renseignerez sur les mines de diamants à travers le monde. On vous apprendra même comment élaborer un « business plan » et vous enrichir !…

9 Pédologie

Pédologie en Languedoc-Roussillon

http://sol.ensam.inra.fr/Paysages/Asp/PresenteGen.asp

« Depuis la mer Méditerranée jusqu'aux montagnes du Massif central (1 800m) et des Pyrénées (2 700 m), le Languedoc-Roussillon s'étend sur plus de 27 800 km. » Ce sont les sols, les paysages et les roches de cette région que vous découvrirez grâce à une photothèque très intéressante complétée par des textes. La recherche se fait par thème, ensemble paysager ou mots-clés.

5

L'évolution de la Vie

1 Sites généralistes

Un large panorama

http://perso.club-internet.fr/ciavatti/evolution/evoltop.htm

Ce site personnel sur l'évolution de la vie propose des pages bien illustrées, régulièrement complétées. Le chapitre sur l'hominisation offre, entre autres, un petit module où il est possible de comparer deux à deux des crânes en choisissant l'angle de vue. On peut regretter l'ouverture continuelle de petites fenêtres liées à l'hébergeur.

Life Drop

http://www.virtual-worlds.net/lifedrop/

Outre un cours sur les théories de l'évolution, *Life Drop* est un projet de site web ludo-éducatif sur l'évolution. Il est basé sur un monde virtuel développé en Java où il est possible de cloner des créatures numériques dotées d'une vie artificielle, puis de jouer avec leur ADN.

Des cours

http://anthropologie.unige.ch/evolution/

Voici un site qui présente dans un menu restreint des pages de cours sur l'évolution et ses mécanismes génétiques, complétées par des textes de Darwin et la possibilité d'accéder à un glossaire très bien fait. Des liens vers d'autres sites sont proposés.

IUFM

http://perso.libertysurf.fr/pst/svtiufm/evolpist.htm

http://perso.libertysurf.fr/pst/svtiufm/paleoeco.htm

« L'évolution : un essai de travail à faire avec les enfants sur des fossiles afin de documenter (construire ?) la notion d'évolution. » Ces pages conçues pour les professeurs d'école sont toutefois intéressantes pour l'enseignant du secondaire et ses élèves.

2 Les fossiles

Des collections personnelles

http://users.skynet.be/dhs/fossiles/

C'est un paléontologue amateur, membre d'un club (Cercle géologique de Hainaut) et passionné de fossiles qui gère les pages de ce très beau site. Les rubriques descriptives qu'il présente ici n'ont d'autres prétentions que de faire partager sa passion des fossiles. Sauf stipulation contraire, toutes les photos ont été prises par ses soins et tous les fossiles présentés appartiennent à sa collection. Un site très riche avec photos, textes, classification des fossiles…

http://www.rero.ch/reroweb/RERO-Personnes/Begni/fossiles/index.html

Un petit site personnel présente des photos de fossiles extraits de la collection de l'auteur. Sans prétention aucune, ces quelques pages permettent tout de même de découvrir de belles photos et quelques schémas anatomiques.

Des dinosaures

http://perso.wanadoo.fr/tanguy.regnault/dino.htm

Ce site, très simple d'utilisation, contient des illustrations montrant la diversité des dinosaures et une classification sous forme de tableau.

Encore des dinosaures…

http://perso.wanadoo.fr/jean-mi/index1.htm

Dans ce site personnel, on retrouvera quelques fiches sur les principaux dinosaures carnivores et herbivores, ainsi que quelques textes sur leur disparition et plus généralement l'histoire de la vie. De la musique accompagnera vos clics sur ces pages qui restent très grand public et peu détaillées.

Toujours des dinosaures

http://www.ifrance.com/Dinosaures/

Cet inventaire assez généraliste sur les « dinosaures », simple, mais pas inintéressant permet d'accéder à quelques fiches des principaux sauriens et de petites explications sur leur disparition. Des réponses aux questions classiques qui se posent dans ce domaine sont proposées.

Les ichtyosaures

http://www.ucmp.berkeley.edu/people/motani/ichthyo/index.html

Un site particulièrement complet d'informations scientifiques sur les ichtyosaures comprenant de nombreuses illustrations de qualité.

Les plésiosaures

http://www.oceansofkansas.com/plesio2.html

De belles pages vous renseigneront sur les plésiosaures dans ce site richement illustré où des liens spécialisés sur ces reptiles vous seront également proposés.

Des foraminifères

http://www.ucmp.berkeley.edu/foram/types/types.html

Ce catalogue de microfossiles propose de très belles photographies commentées de foraminifères. Il n'est toutefois présenté que d'une façon très linéaire, par fiches.

3 Paléontologie humaine

Sites généralistes

http://daphne.palomar.edu/homo/

Un site californien sur la paléontologie humaine, riche en texte et en illustrations souvent de qualité.

http://www.mc.maricopa.edu/academic/cult_sci/anthro/hominid_journey/central.html

Ce site très riche de paléontologie humaine propose des pages bien illustrées. L'entrée se fait en choisissant l'âge géologique.

http://www.uea.ac.uk/~x9706887/timeline.html

Utilisez le menu situé tout en bas de la première page pour accéder aux pages de paléontologie humaine classées par espèces fossiles.

Koobi Fora

http://www.mc.maricopa.edu/academic/cult_sci/anthro/origins/Koobi/koobi1.html

Un site pointu mais passionnant sur les découvertes faites à Koobi Fora, un gisement paléontologique du Nord Kenya. Les données sur l'outillage sont particulièrement riches.

L'art au paléolithique

http://www.mc.maricopa.edu/academic/cult_sci/anthro/learning/origins/index.html

On retiendra ce site pour la qualité des photographies et les données très précises sur l'art au paléolithique.

Primates et lignée humaine

♥ http://www.mc.maricopa.edu/academic/cult_sci/anthro/primates/index.html

Un site extrêmement complet et richement illustré sur les primates. Une grande partie est réservée à la lignée humaine.

Tautavel

http://www.culture.fr/culture/arcnat/tautavel/francais/

C'est dans le village de Tautavel, situé au sud de la France, qu'a été découvert l'un des plus anciens hommes actuellement connus en Europe : l'Homme de Tautavel. Le site officiel propose de très bonnes pages sur cet ancêtre.

Grotte Chauvet

http://www.culture.gouv.fr/culture/arcnat/chauvet/fr/index.html

C'est en décembre 1994 que Jean-Marie Chauvet, un spéléologue, découvre une grotte très vaste dont les parois sont couvertes de peintures et gravures préhistoriques. La grotte de Chauvet-Pont-d'Arc fermée au public délivre ses richesses dans les pages de ce site où l'on peut regretter le temps de chargement souvent très long.

Lascaux

http://www.culture.fr/culture/arcnat/lascaux/fr/index.html

Découverte en 1940 et fermée en 1963 (mais reconstruite à l'identique), la grotte de Lascaux reste le « temple » de l'art préhistorique. Le site officiel est réellement superbe et permet de suivre une visite virtuelle.

Dossiers du CNRS

http://www.cnrs.fr/cw/dossiers/Origine/

Un dossier sur l'origine de l'homme est proposé : on trouvera sur ce site des textes de chercheurs qui exposent eux-mêmes la nature et les ambitions de leurs recherches. Il s'agit d'informations en provenance de personnes qui travaillent sur le front de la connaissance.
Vous aurez à utiliser le menu avec les petites cases de couleur pas toujours bien visibles.

Caryotypes

http://www.selu.com/bio/cyto/karyotypes/Hominidae/Hominidae.html

Quelques pages dont l'intérêt est de fournir les caryotypes des primates hominoïdes.

4 Phylogénie et théories de l'évolution

http://pbil.univ-lyon1.fr/ird/IRD.html

Ce site fournit de multiples liens vers des pages où il est possible de collecter des données relatives aux phylogénies moléculaires. On pourra en particulier télécharger des séquences de molécules homologues.

5 Des crises biologiques

http://www.ggl.ulaval.ca/personnel/bourque/s4/extinctions.masse.html

Un très bon cours est disponible sur ces pages où l'on se propose d'étudier les crises biologiques à travers un texte fort pertinent et richement illustré.

6

L’environnement

1 Atmosphère et hydrosphère

Météorologie et enseignement

http://www.educnet.education.fr/meteo/default.htm

Un site incontournable pour l'enseignant de SVT qui souhaite comprendre tout ce qui concerne la météo et la circulation atmosphérique. Cliquez pour commencer dans le menu « par thème » et choisissez... Le site a pour objet d'apporter une aide pratique à tous les enseignants désireux d'intégrer les apports des nouvelles technologies à leur démarche pédagogique, dans le domaine de la météorologie.

Cartes météorologiques et océanographiques

http://152.80.49.210/PUBLIC/

Ce site extraordinaire vous permet de récupérer des cartes océaniques, climatiques, météorologiques et d'accéder aux images satellites correspondantes.

http://ferret.wrc.noaa.gov/las/main.pl

Ce site du Pacific Marine Environmental Laboratory exige l'acceptation des cookies pour pouvoir fonctionner. Il vous permet d'établir, à partir d'un ensemble d'atlas, des cartes des caractéristiques physiques de la surface océanique. Vous pouvez choisir l'échelle globale ou régionale en fonction de vos attentes.

http://rainbow.ldeo.columbia.edu/ees/datacatalog/index.htm#ocean

Vous pouvez, à partir de ce site, obtenir des cartes de caractéristiques océaniques dans les régions et à l'échelle qui vous intéresse.

Océanographie physique

http://isitv.univ-tln.fr/~lecalve/oceano/plan.htm

Dans ce cours en ligne sont présentées les connaissances de base sur lesquelles repose l'enseignement de l'océanographie physique. Il est possible de télécharger tout le site sous forme zippée ; vous en utiliserez sans doute des éléments pour votre cours de Seconde ! Vous pourrez faire calculer, en ligne, à vos élèves, la densité de l'eau de mer en fonction de sa salinité et de sa température et découvrir l'origine des mouvements verticaux dans les océans.

IFREMER

http://www.ifremer.fr/lpo/vulgarisation/ocean/index.htm

Un diaporama présente un cours d'océanographie très bien réalisé et illustré.

Circulation océanique

http://www.u-picardie.fr/~beaucham/mbg6/oceano/oceano.htm

Ce site bien conçu vous offre quelques graphiques et coupes montrant, en particulier, la circulation entre l'océan Atlantique et la mer Méditerranée.

Application de l'altimétrie en océanographie

http://sirius-ci.cst.cnes.fr:8090/HTML/information/applications/science/welcome_fr.html

Vous trouverez dans ces pages quelques-unes des applications réalisées à partir des données altimétriques.

SHOM

http://www.shom.fr/fr_page/fr_act_oceano/courant/courant.htm

Le Service hydrographique et océanographique de la marine est l'organisme public chargé de l'élaboration des documents nautiques. À ce titre, la fourniture aux navigateurs des renseignements relatifs aux courants marins figure parmi ses attributions. Vous trouverez donc là un dossier consacré aux courants marins.

2 Météorologie et climatologie

Météo-France

http://www.meteo.fr/meteonet/

Le site de Météo-France.

http://www.meteo.fr/meteonet/decouvr/com.htm

Cette page vous permettra d'accéder à une série de dossiers thématiques.

http://www.meteo.fr/meteonet/decouvr/ens.htm

« Cette rubrique est destinée aux acteurs de l'éducation ; principalement aux enseignants, et pour certains contenus également aux élèves. » La base de données iconographiques que vous pourrez atteindre, pourra vous servir à étudier les mouvements atmosphériques.

http://www.meteo.fr/comprendre/tempete/index.html

Quelques pages de Météo France sur les tempêtes de 1999. Vous y trouverez également un cours très bien fait sur la dynamique atmosphérique.

La météo sur la Toile

http://www.obs-hp.fr/www/meteo.html

Cette page de l'Observatoire de Haute-Provence vous propose « La météo sur la Toile », un ensemble de liens vers des sites de météorologie.

http://www.educnet.education.fr/meteo/default.htm

Ce site apporte une aide pratique à tous les enseignants désireux d'intégrer les nouvelles technologies à leur démarche pédagogique, dans le domaine de la météorologie.

Vos questions sur le climat

http://www.cnrs.fr/dossiers/dosclim/questcli/pagsuiv0.htm

Les vents dominants sont-ils opposés à l'équateur et aux pôles, et si oui pourquoi ? Pourquoi la surface de la Terre se trouve-t-elle à une température moyenne de +15 °C ? Ces pages proposées par le CNRS offrent des réponses aux principales questions relatives à l'atmosphère et au climat. Les réponses sont illustrées de vignettes à agrandir. Le niveau des connaissances reste cependant assez léger.

CEA

http://www-dsm.cea.fr/Plaquette/ch11_txt.html

L'évolution du climat est étudiée sur ces pages du Commissariat à l'énergie atomique où les petites vignettes à droite des textes peuvent être agrandies et fournissent de très belles illustrations.

Ministère de l'Environnement

http://www.environnement.gouv.fr/dossiers/risques/risques-majeurs/p33.htm

Ce dossier accessible sur le site gouvernemental présente la météo et les tempêtes dans des pages de type grand public.

Risques cycloniques

http://www.icarisk.gp/html/risque_cyclonique.html

Quelques pages pour le grand public consacrées aux risques cycloniques dans les Caraïbes ; un petit cours de météorologie y est joint.

3 Milieux de vie

MESOE

http://www2.ac-toulouse.fr/mesoe/sommaire/index.htm

Méditerranéenne, enseignement secondaire et observations environnementales : le réseau MESOE doit permettre à des enseignants du secondaire de réaliser des travaux coopératifs pluridisciplinaires sur le thème de l'environnement méditerranéen. Vous trouverez dans le module « projets » le résultat de trois coopérations autour d'un thème de l'environnement. Demandez à accéder au travail de l'équipe, et si cela vous intéresse, proposez un projet… Dans la rubrique « pédagogie », vous trouverez une série de TD de l'université d'été de Tunis.

La Méditerranée

♥ http://perso.wanadoo.fr/christian.coudre/contenu.html

Ce site personnel présente les écosystèmes marins de la Méditerranée. Des fiches très bien faites associent des photographies des organismes à des schémas et des renseignements textuels. On y trouve également des pages concernant les caractéristiques physico-chimiques de l'eau de mer.

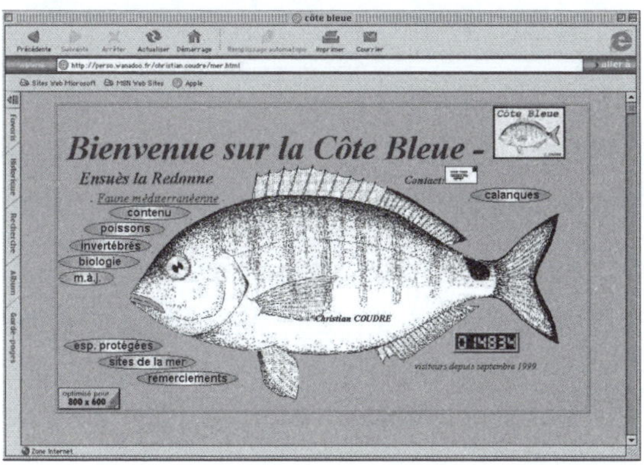

IFREMER

http://www.ifremer.fr/delec/bb/marees.htm

Le serveur de l'IFREMER vous propose une multitude d'informations sur la mer dans des pages richement illustrées. Voici quelques exemples : l'expansion des marées vertes, de l'algue *Caulerpa taxifolia* ou du mollusque crépidule…

Le courrier de l'environnement de l'INRA

http://www.inra.fr/internet/produits/dpenv/pa.hrm

Cette page du *Courrier de l'environnement de l'INRA* vous permet d'accéder à de nombreux articles illustrés qui traitent d'environnement et de milieu.

Zones humides

http://www.ars-medias.com/AESN/TexteZH.html

« Faut-il protéger les zones humides ? » : ce site essaie de faire le tour de la question en quelques pages assez denses, mais faciles.

Antarctique

http://www.amapof.com/

L'Amicale des missions australes et polaires françaises vous propose d'aller visiter les Terres australes et antarctiques. Les différentes galeries photographiques auxquelles vous accédez en sélectionnant votre destination sur la carte constituent une bonne ressource pour présenter ces milieux.

4 Eau

CEMAGREF

http://www.cemagref.fr/Informations/DossiersThematiques/Eau/index.htm

Le CEMAGREF est un institut de recherche pour l'ingénierie de l'agriculture et de l'environnement. Il vous propose, dans un site très riche sur les ressources et la gestion de l'eau, un dossier absolument incontournable. Vous pourrez y télécharger de petites vidéos à condition que la configuration de votre ordinateur le permette.

Dossiers du CNRS

http://www.cnrs.fr/cw/dossiers/doseau/accueil.html

« L'eau douce, une ressource précieuse » : ce site du CNRS envisage l'eau sous tous ses aspects. Très riche, bien illustré, il est lui aussi une référence dans ce domaine.

Nappes d'eau

http://www.brgm.fr/divers/nappes.htm

Ce petit dossier vous présente les caractéristiques des nappes d'eau, associées à quelques schémas.

Picardie

http://www.u-picardie.fr/~beaucham/

Ces pages extraites du site de l'université de Picardie vous proposent l'accès à un ensemble d'articles et de cours qui concernent l'eau. Certains sont très bien conçus et illustrés.

http://www.u-picardie.fr/~beaucham/duee/extrait.htm

Extraits de travaux universitaires relatifs à l'eau réalisés à l'université de Picardie Jules Verne.

Voici deux pages plus spécialement intéressantes pour l'enseignement scientifique en classe de Première :

http://www.u-picardie.fr/~beaucham/mst/eau-sol.htm

http://www.u-picardie.fr/~beaucham/mst/hydrogeo.htm

Alsace

http://www.rmcnet.fr/aprona/

La nappe phréatique d'Alsace vous est présentée dans un site qui permet le téléchargement de quelques pages de données.

Le Rhin

http://www.iksr.org/cipr

Site de la Commission internationale de protection du Rhin, avec un grand nombre de données concernant la qualité des eaux et la présentation d'un plan d'action contre les inondations.

L'agence de l'eau Rhin-Meuse

http://www.eau-rhin-meuse.fr/

L'agence de l'eau Rhin-Meuse vous propose un dossier intéressant consacré à l'eau, notre patrimoine. Le chargement des pages est relativement lent.

L'Académie de l'eau

http://www.61.com/aesn/dos_aesn/fr_aesn.htm

« L'Académie de l'eau a été créée par les agences de l'eau dans le but d'organiser une réflexion prospective et interdisciplinaire sur les thèmes scientifiques dont pourrait bénéficier la gestion des ressources en eau : santé, économie, droit, sociologie… »

Les éphémères : des bioindicateurs aquatiques

http://www.invfmr.org/

Ce site consacré à des insectes aquatiques, les éphémères, a pour vocation d'établir la carte de répartition des espèces. Les éphémères, du fait même de leur sensibilité tant aux pollutions qu'aux modifications anthropiques des milieux, sont un « outil » très utilisé comme indicateur de la qualité des biotopes. Vous trouverez sur ce site une clé de détermination des larves et des insectes adultes, ainsi qu'un didacticiel destiné à fournir au non-spécialiste quelques éléments relatifs à la définition des caractères utilisés dans la clé.

Glossaire

http://www.eauxdemarseille.fr/glossair/index.htm

Un glossaire assez simple est consacré à l'eau et associé à un petit lexique sur l'assainissement.

Eaux minérales

http://www.multimania.com/unpeudetout/eaux/eaux.shtml

Provenant d'un site déjà cité dans d'autres rubriques, voici quelques pages présentant diverses eaux minérales, leur composition…

5 Air et environnement

Pollution atmosphérique

http://www.chu-rouen.fr/ssf/envir/pollutionair.html

Une page de liens vers des sites francophones concernant la pollution atmosphérique.

Indices de pollution

♥ http://www.circe.fr/pratique/pollution.html

Vous pouvez consulter l'indice de pollution de quelques villes de France entre 1998 et 2001, y compris des données tout à fait récentes.

Normandie

http://www.chu-rouen.fr/cap/airsanthome.html

Cette page du CHU de Rouen s'intéresse à la pollution atmosphérique et à la santé en Normandie. On y présente les principaux polluants atmosphériques et leurs effets sur l'homme.

Lichens et pollution

http://www2.ac-lille.fr/lichen/

Ces pages consacrées aux lichens et à la pollution de l'air peuvent vous suggérer des activités intéressantes, en particulier pour des travaux pluridisciplinaires.

6 Risques naturels et technologiques

Ministère de l'Aménagement du territoire et de l'Environnement

http://www.environnement.gouv.fr/dossiers/risques/risques-majeurs/default.htm

Ce site vous présente les risques majeurs naturels et technologiques. Vous y trouverez des données simples sur certains phénomènes : avalanches, feux de forêt, inondations, mouvements de terrain, cyclones, tempêtes, séismes et éruptions volcaniques.

Dossiers thématiques

http://www.environnement.gouv.fr/actua/cominfos/dosdir/dosdir.htm

Sur ce site gouvernemental, vous pourrez consulter un ensemble de dossiers thématiques concernant l'environnement et les risques naturels et technologiques.

Prim.net

http://www.prim.net/

Prim.net est un site dont le but est de promouvoir la culture de la prévention des risques naturels et technologiques et de souligner la relation étroite qui existe entre l'Homme et son milieu.
Vous y trouverez un annuaire des sites relatifs aux risques majeurs : http://www.prim.net/citoyen/annuaire/24_annuaire.html
et une partie qui peut vous intéresser plus spécifiquement, « Enseigner les risques majeurs de l'école primaire au lycée » :
http://www.prim.net/education/enseigner.html

Rayonnements

http://paprika.saclay.cea.fr/infos/html/infos5.htm

Quelques données issues du site du Commissariat à l'énergie atomique présentent les effets des rayonnements sur l'homme. L'ensemble assez restreint comprend tout de même des tableaux de valeurs et des graphiques axés sur des données physiques.

Sites et sols pollués

http://www.brgm.fr/domaines/guides.htm

Sur ce site du BRGM, vous pourrez consulter et télécharger un guide de 23 pages sur la gestion des sites et des sols pollués.

Risques naturels aux Antilles-Caraïbes

http://www.icarisk.gp/html/connaissance_des_risques.html

ICARISK, site d'information préventive contre les risques naturels aux Antilles-Caraïbes, propose une série de pages consacrées aux cyclones, inondations, risques tectoniques et volcaniques.

Imprimé en France par Chirat – 42540 Saint-Just-la-Pendue
N° d'imprimeur : 3524 N° d'édition : 002857-01
Dépôt légal : Octobre 2001